浙江省重点创新团队"现代服务业创新团队"研究成果

浙江省哲学社会科学研究基地"浙江省现代服务业研究中心"研究成果

浙江省"十二五"重点学科"应用经济学"研究成果

浙江树人大学著作出版基金资助成果

服务业与服务贸易论丛

THE RESEARCH

ON THE TRADE

IN THE PRODUCER SERVICES

AND GLOBAL VALUE CHAINS

生产性服务贸易与全球价值链提升

周 蕾◎著

ZHEJIANG UNIVERSITY PRESS
浙江大学出版社

丛书序

以服务业和服务贸易为主要内容的服务经济迅速崛起,成为20世纪中叶以后世界经济发展的显著特征。服务业和服务贸易在国民经济中的比重不断上升,成为促进国民经济效率提高和国民产出总量增长的主导力量。

把服务业作为一个完整概念提出并进行系统的理论研究,是20世纪才开始的。分处不同时代的西方经济学家从不同角度揭示了人类社会发展过程中,国民生产总值的最大比例从第一产业转向第二产业,进而转向服务业的客观规律性。20世纪80年代中后期,西方发达国家服务业的比重普遍超过了60%,并呈现持续增长的态势,服务经济被纳入国民经济整体中进行考察。关于服务的理论研究也不断深化。国内学者对服务经济的理论研究始自20世纪60年代,服务的性质、服务的价值创造、服务业在国民经济中的地位和作用、服务业各行业发展的理论与实践研究、服务业与服务贸易竞争力分析等都被纳入研究范畴。随着服务业和服务贸易在我国经济结构调整、发展方式转变和经济社会可持续发展中的重要性越来越突出,服务经济研究也日益被人们所重视,研究深度和广度也在不断扩大。

浙江树人大学研究团队从2000年开始致力于现代服务业、国际服务贸易研究,是国内较早专门从事服务经济领域研究的学术团队之一,研究成果获第四届教育部人文社会科学优秀成果二等奖、全国商务发展研究成果优秀奖、第十三届浙江省哲学社会科学优秀成果一等奖、浙江省高校科研成果一等奖等奖项。目前,浙江树人大学现代服务业研究团队是浙江省重点创新团队,"浙江省现代服务业研究中心"是浙江省哲学社会科学研究基地,"应用经济学"学科是浙江省"十二五"重点学科,"国际经济与贸易"专业因服务贸易人才培养特色获得国家特色专业和浙江省优势专业称号。《服务业与服务贸易论丛》是上述创新团队、基地、学科和专业建设的成果,也是团队近年来刻苦研究的结晶。

在《服务业与服务贸易论丛》出版之际,衷心感谢浙江省委宣传部、浙江省社科联、浙江省教育厅和浙江树人大学各级领导的关心和支持,感谢中国社科院财贸所服务业研究室、中山大学第三产业研究中心等学术界同仁们的帮助,感谢研究团队所有成员的辛勤付出。期待得到学界同行和读者们的批评指教。

夏　晴

2013 年 3 月

前 言

20世纪特别是二战之后,现代服务业的精髓生产性服务部门的作用逐渐凸现。随着技术进步和交易效率的改进,各种生产者更倾向于专业化生产,甚至一种商品的生产过程延伸为多个连续的生产阶段,跨越国界,分布在各国,形成了全球的产业链。每一个国家只在某个或某几个连续的特殊阶段进行专业化生产。生产性服务业作为一种知识与人力资本密集的中间品投入到全球产业链中,成为生产性服务贸易作为全球价值链的重要纽带,支撑着世界贸易。但发达国家仍是全球服务贸易的主导者,掌握着全球价值链的核心环节和高端地位。发展中国家停留在全球价值链的低端环节,甚至有些国家的国际分工地位出现了大幅度的下滑。可见参与全球价值链的国际分工并不意味着发展中国家所处的价值链环节和分工地位必定会提升。

从现有文献来看,对生产性服务贸易发展和全球价值链提升之间关系的研究大多停留在理论假说和案例分析上,缺乏系统的理论模型;对发展中国家如何提升价值链位置的路径很少涉及。因此拓展当前生产性服务贸易与价值链提升的理论模型,探讨生产性服务贸易如何影响中国这些发展中国家攀升全球价值链的路径,对构建生产性服务贸易与发展中国家提升在全球价值链的位置的理论体系具有十分重要的理论价值和现实意义。

本书遵循从理论到实践,再到实证的研究思路。首先,本书在国际贸易理论的分析框架下,融合古典贸易理论和产品内贸易理论的研究成果,构建了开放经济中在全球价值链下的生产性服务贸易与价值链提升的理论模型,指出全球价值提升的均衡条件以及影响价值链提升的因素。其次,本书利用投入产出法测算中国生产性服务贸易发展现状,利用垂直专业化贸易份额评估中国服务业参与全球价值链的程度,与美国、韩国的生产性服务贸易进行比较分析;此外借助出口商品结构的相似性指数,通过与部分经济较发达国家和经济欠发达国家比较,系统地探讨了中国所处的全球价值链位置的演变历程。接着,利用中国的数据实证分析了生产性服务贸易影响中国这些发展中国家攀升全球价值链的机理。最后,根据理论和实证的研究结果,本书提出了中国如何借助生产性服务贸易提升其在全球价值链位置的若干政策建议。在研究中,本书采用了理论研究与实证研究相结合的方法、定量分析与定性分析相结合的方法、静态分析与动态分析相结合的方法以及比较分析法。

通过研究,本书可能的创新点主要有四点:第一,变量界定方面,本文进一步深化投入—产出方法,利用国民经济中各产业的中间投入率进行界定生产性服务贸易,使生产性服务贸易的统计值更符合其中间投入的内涵;第二,研究视角方面,全球价值链则是从国际分工的价值形态来分析的,包括从产品生产到产品实现和产品消耗殆尽的全部过程,反映为一种产品的生命周期,更关注全球各国之间产业链的联接问题,通过价值的变化反映利润与成本的变化。因此本书从全球价值链角度出发界定生产性服务贸易的内涵,并分析生产性服务贸易与全球价值链提升的关系,这是一个崭新视角,能体现生产性服务贸易的中间投入作用与意义,更有利于探求发展中国家价值链提升的实现途径;第三,理论模型方面,一方面拓展了古典贸易理论,在经典贸易模型中引入服务这种生产要素,作为中间投入参与商品汽车的全球价值链的生产,提出开放经济中货物贸易和服务贸易的均衡产出;另一方面延伸了产品内贸易理论的研究成果,指出全球价值提升的均衡条件以及影响价值链提升的因素;第四,研究内容方面,本书从人力资本、生产性服务、服务质量等三个变量出发分析了生产性服务贸易提升发展中国家在全球价值链位置的内在机理,并用中国的数据实证分析了其内在机理,从而揭示了生产性服务贸易作用于全球价值链的路径,为中国融入全球价值链的生产和分工提供了理论和现实的依据。

目　录

表 目 录

图目录

1 导 论

1.1 研究背景与研究意义

1.1.1 研究背景

20 世纪特别是第二次世界大战之后,全球产业发展出现崭新的迹象,其中最重要的一点就是服务业在各国经济发展中的地位不断上升,集中体现为现代服务业的精髓生产性服务部门(Producer Services)的作用逐渐凸现(程大中,2004)。生产性服务业是为社会物质生产提供各种非实物形态的新兴服务业,具有高科技含量、高附加值、高人力资本和高成长性的特点,对其他产业具有较强的带动性,成为促进国民经济效率提高的主导力量。同时随着技术进步和交易效率的改进,各种生产者更倾向于专业化生产,甚至一种商品的生产过程延伸为多个连续的生产阶段,跨越国界,分布在各国,形成了全球的产业链。每一个国家只在某个或某几个连续的特殊阶段进行专业化生产。生产性服务业作为一种知识与人力资本密集的中间品投入到全球产业链中,成为了生产性服务贸易。数量和种类巨大的中间产品、零部件和快速增长的专业化服务分别在不同国家和经济体进行,促进了跨国公司内部贸易和生产性服务贸易的上升。生产性服务作为跨国生产链的中间投入,把某些特定产品的生产企业分散的生产空间连接起来,成为全球价值链的重要纽带。

Markusen(1989)提出中间产品贸易已经超过了世界贸易的一半以

上,生产性服务贸易也成为增长速度最快的一个重要领域。第二次世界大战以后,中间产品贸易和公司内贸易在世界贸易中占比不断上升,这种势头在 20 世纪 90 年代后期更加显著。在这段时期内,涉及跨国公司的国际贸易进出口额约占世界贸易总额的 2/3,包括第三方贸易和公司内部贸易,其中跨国公司内部的贸易额占到了世界贸易总额的 1/3。根据 WTO 相关统计资料,1980—2000 年间,商业服务贸易总额年均增长7.1%,2000—2007 年间,商业服务贸易年均增长率达到 14%,已占世界服务贸易出口总额的一半以上。商业服务是世界服务贸易中贸易额最大、增长最快的类别。Mary Amiti & Shang-Jin Wei(2006)在研究美国离岸制造业的生产效率时指出,离岸服务业对提高生产效率有着重要积极的作用,贡献了生产率的 10% 左右。Francois(2007)的研究显示在比较先进的行业中,商业性服务的进口对制造业出口模式起到了关键的决定性作用,并且商业性服务的离岸外包可加快提高经济体技术密集型工业的竞争能力。郑春霞,陈漓高(2007)认为数量和种类巨大的中间产品、零部件分别来于各自不同的产地,致使了中间产品贸易额和公司内贸易额的上升。从中可知生产性服务贸易已经成为世界贸易的重要支柱。

1.1.2 研究意义

近年来,国际服务贸易在世界贸易总额中所占的比重出现了明显的增长。而生产性服务贸易又成为国际服务贸易中增长最快的部分,以商务与计算机和信息服务尤为明显。在发达国家,其生产性服务业的增长远远超出服务业的平均水平。在 OECD 国家中,金融、保险、房地产及经营服务等生产性服务行业的增加值占国内生产总值的比重均超过了1/3。在纽约等大城市,生产性服务业亦成为最大与最重要的部门,相应的,生产性服务贸易也不断增长。根据 WTO 相关统计资料,1980—2000 年,全球商业服务贸易额年均增长 7.1%,2007 年贸易总额达到了 1.65 万亿美元,增长了19%。但发达国家仍是全球服务贸易的主导者,掌握着全球价值链的核心环节和高端地位。Lall et al.(2005)的研究表明:斯里兰卡、孟加拉、巴基斯坦等国家由于过度依赖纺织品的出口,停留在全球价值链的低端环节,相比于拉丁美洲、东亚等地区的发展中国家,其国际分工的地位出现了大幅度的下滑。可见参与全球价值链的国际分工并不意味着发展中国家所处的价值链环节和分工地位必定会提升。

从现有文献来看,对生产性服务贸易和价值链提升之间关系的研究大多停留在理论假说和案例分析上,缺乏系统的理论模型;对发展中国家提升价值链位置的机理很少涉及。因此拓展当前的生产性服务贸易与价值链提升的理论模型,探讨生产性服务贸易如何影响中国这些发展中国家攀升全球价值链的机理等问题,对构建生产性服务贸易与发展中国家提升全球价值链的位置理论体系具有十分重要的理论价值。

生产性服务贸易慢慢地成为跨国公司的发展趋势,是全球价值链的重要黏合剂,对货物的进出口乃至世界经济的发展所起的作用也越来越显著。中国作为世界的新兴力量,由于起点低,现阶段生产性服务贸易发展相对落后,仍处于全球价值链的低端环节,但随着参与国际分工的不断深化,其分工地位有所改善。因此,在服务业与服务贸易迅速崛起的世界经济中,更应当深入研究生产性服务贸易与价值链升级的关系、作用机理等问题,对中国而言是推进产业结构优化升级和经济发展方式转变的重要环节,是提高城市和区域竞争力的有效途径,更是贯彻落实科学发展观的内在要求。

1.2 技术路线和研究内容

1.2.1 技术路线

本书遵循从理论到实践、再到实证的研究思路。首先,本书在国际贸易理论的分析框架下,融合古典贸易理论和产品内贸易理论的研究成果,构建了开放经济中在全球价值链下的生产性服务贸易与价值链提升的理论模型,指出全球价值提升的均衡条件以及影响价值链提升的因素。其次,本书利用投入产出法测算中国生产性服务贸易发展现状,利用垂直专业化贸易份额评估中国服务业参与全球价值链的程度,与美国、韩国的生产性服务贸易进行比较;此外借助出口商品结构的相似性指数,与部分经济较发达国家和经济欠发达国家比较,系统地探讨了中国所处的全球价值链位置的演变历程。接着,利用中国的数据分析了生产性服务贸易如何影响发展中国家攀升全球价值链的机理。最后,根据理论和实证的研究结果,本书提出了中国如何借助生产性服务贸易提升其在全球价值链位置的若干政策建议。基本的分析思路如图 1-1 的技术路线所示。

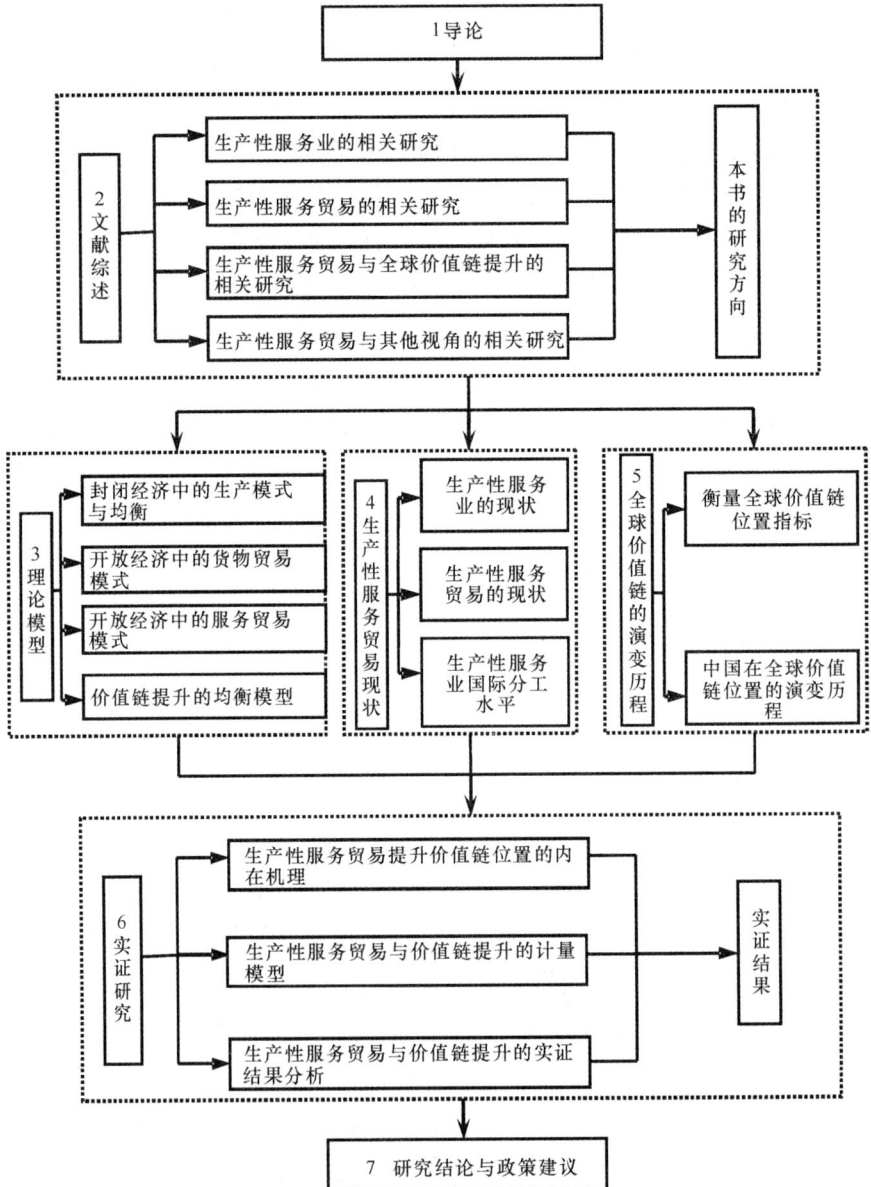

图 1-1　本书的技术路线

1.2.2 研究内容

按照上述的研究思路,本书的研究共分为七个章节进行,具体章节安排如下:

第一章,导论。简要地说明选题的背景和意义、研究的内容和技术路线等内容。

第二章,关于生产性服务贸易与全球价值链提升的相关文献综述。本章首先对生产性服务业的国内外理论研究进行了系统的梳理和述评。随后,从全球价值链的角度重新界定了生产性服务贸易的内涵,梳理了解释生产性服务贸易产生原因的两种代表性理论——比较优势理论和产业组织理论,并回顾了学者们研究生产性服务贸易所利用的各种贸易模型。接着,本章概述了关于生产性服务贸易与全球价值链提升的现有研究,并对其他类似视角下对生产性服务贸易的研究进行了比较。最后,在上述基础上提出了本书进一步研究的视角和问题。

第三章,生产性服务贸易与价值链提升的理论模型。本章参考前人的研究成果,构建了开放经济体在全球价值链下的生产性服务贸易与价值链提升的理论模型。该模型假设两个国家(发达国家、发展中国家),两个部门(制造部门、服务部门),两种商品(香蕉、汽车),三种要素(熟练劳动力、非熟练劳动力、服务),简称 $2*2*3$ 模型。其中商品香蕉的生产仅是劳动力投入的传统货物生产,商品汽车的生产是零件的组装,存在于全球分散的多个国家生产,生产中诸如物流这些生产性服务分布在汽车全球化生产中,在价值链上端的生产阶段假设有更多的技术需求和更多的服务投入,一般发达国家主要生产上游的部件,而发展中国家生产下游的部件。该章首先构建封闭经济中服务部门、货物部门的生产模式,消费者的效用函数;其次构建了开放经济中的货物贸易模式和服务贸易模式;最后分析全球价值链提升的均衡条件,指出影响发展中国家价值链位置 k 提升的影响因素,为下文的实证研究做铺垫。

第四章,中国生产性服务业参与垂直专业化国际分工水平。本章利用投入产出法测算中国生产性服务贸易的产业基础和发展现状,利用垂直专业化贸易份额评价中国服务业参与全球价值链的程度,并通过美国、韩国的生产性服务贸易进行横向比较,总结出中国生产性服务贸易基本状况和主要不足。

第五章,中国所处全球价值链位置的演变历程。本章利用出口相似性指数测算1998到2010年间中国在全球价值链的位置,并与其他38个国家进行了比较,指出中国所处的全球价值链位置的演变历程。

第六章,中国生产性服务贸易与价值链提升的实证分析。利用第三章理论模型的结论以及第四章中国生产性服务业现状、第五章中国所处的全球价值链位置的演变历程,本章探讨了生产性服务贸易主要通过以下三种路径影响发展中国家攀升全球价值链的:其一,以熟练劳动力投入数量为代表的人力资源积累有利于提升发展中国家在全球价值链中的位置,而非熟练劳动力投入数量的增加阻碍发展中国家在全球价值链中的位置;其二,一国生产的出口产品中服务投入的密集程度越高,越有利于该国提升在全球价值链中的位置;其三,服务质量的改善有利于提升发展中国家在全球价值链中位置。最后,落脚于中国的现实情况,分析以上机理是否在中国发生作用,如何促使中国的制造业所处的全球价值链地位的提升。

第七章,研究结论与对策。经济研究的最终归宿点是提出可行的政策建议,为政府提供参考,从而能改善和改进现有的经济活动。而政策建议能否有效地改进现实社会,一方面取决于政策本身内容,另一方面取决于这些政策能否与现有的现实社会较好地相融合。因此,本章在总结前几章理论研究、实证研究的结论基础上,结合现有的政策,提出生产性服务贸易提升中国在全球价值链位置的政策建议。同时还分析了本文研究的不足,指出进一步研究的方向。

2 生产性服务贸易发展与全球价值链提升的研究现状

2.1 生产性服务业的相关研究

2.1.1 生产性服务业的内涵

2.1.1.1 内涵

Machlup(1962)提出了生产性服务业的概念,指出生产性服务业是依靠知识技术产出的行业。Greefield(1966)提出生产性服务业指的是政府、企业和非营利组织为生产企业,并不是向最终消费者提供服务产品和劳务的行业。以上概念从产品需求或属性的视角探析了生产性服务业的内涵。

此后,不少经济学家从开拓生产性服务业的内涵角度来描述生产性服务业所包括的服务类型。Browning & Singelman(1975)提出,生产性服务业包括商务活动、金融保险和法律等中间业务这类知识密集的专业服务。Howells & Green(1986)分析到生产性服务业为其他公司提供的服务业务,主要包括银行、金融保险和其他商业服务业,譬如职业和科学服务,如会计、法律服务、R & D 以及广告和市场研究等等。Marshall(1987)提出生产性服务业包含与实物形态产品相关的服务行业(如产品的促销和存储,机器设备的安装、维护和修理,废品的处置等)、与信息处理服务有关的服务行业(如市场研究、流程处理、研发、广告、摄影、传媒等)、与个人有关的服务行业(如保洁服务、福利服务等)。

格鲁伯和沃克(1989)认为生产性服务与直接满足最终需求的消费者服务相对,指的是那些为其他商品或服务的生产者用来作为中间投入的服务,具有的基本特征有三方面:首先,生产性服务是对生产者的非物质性服务,其无形的产出表现为"产业结构的软化"的程度,而一般把服务"服务投入/商品和服务总值"称之"产业结构软化系数";其次,生产性服务是中间投入的服务而不是最终消费的服务,是因为其延长产业链的作用和知识大量投入的意义逐渐凸现,因此体现为服务型企业最重要的生产成本之一;最后,因为生产性服务的产出包含大量的知识型资本和人力资本,因此生产性服务的企业把现代资本引入到有形产品和服务生产过程的飞轮中,这是现代经济增长的重要源泉。Martinelli(1991)指出,生产性服务业包括与生产本身有关的行为(如质量控制、维持和后勤等),与生产组织和管理本身有关的行为(如财务、法律服务、信息咨询、信息处理等),与产品推广和销售有关的行为(如广告、运输、市场营销等),与产品流程的管理及与创新相关的行为(如研究开发、创意设计、工程管理等),与分配资源和流通环节相关的行为(如金融保险业、工程维修业、猎头、培训咨询业等)。生产性服务业作为货物或其他生产发挥中间投入的功能。以上提及的服务业提高了在不同生产阶段的生产价值以及生产运作效率,被界定为包括上游的经济活动(如研究)和下游的经济活动(如市场)。因此,生产性服务业是主要提供生产型服务的行业,主要包括金融保险和银行、不包括强制性社会保险的保险业、商务服务、房地产等行业,这一界定得到早期研究者的广泛认可。

一般认为传统的生产性服务业包括金融业、保险业、房地产业和商务服务业(financing, insurance, real estate and business services,简称FIRE)。这些服务企业一般具有较大规模,从事常规性的业务,并利用资本要素投入进行生产,扮演了"资本经纪人"(brokers of capital)的角色。现代新兴的生产性服务业(advanced producer services,简称为APS)包括管理咨询、广告、市场调查、会计、律师等服务业。新兴生产性服务业企业的规模往往较小,一般从事商业活动,其个性定制化程度相对较高,借助知识等高级要素的投入进行生产,扮演了"知识经纪人"(brokers of knowledge)的角色。一般而言生产性服务业通常提供的服务大多是技术和知识密集型服务。

我国学者陈宪(2001)提出,生产性服务是紧密围绕企业的生产开展的,其内涵指的是市场化的非最终消费服务,也就是用于服务生产或其他商品的生产而中间投入的服务,如在"上游"阶段生产所需要的可行性研究、产品研究设计、市场调查与预测、资本风险评估等;在"中游"阶段生产所需要的设备租赁和维修、产品质量控制、后勤相关保障、运输仓储等;在"下游"阶段所涉及的销售、广告策划、运输、售后保障服务等;在整个生产过程投入的咨询、会计审计、融资保险、数据处理、通信、培训、法律咨询、公关关系等。程炼(2003)认为,生产性服务指的是这样一类服务:它们由商业公司、非营利性机构和政府提供,通常出售给生产者而不是消费者。可以划分为以下五种主要类型:第一用于提高组织与决策效率的管理服务;第二用于提高技术效率与产品质量的技术服务;第三用于提高金融管理和决策效率的金融服务;第四用于提高企业采购与销售能力的营销服务;第五,其他方面的信息服务。钟韵、闫小培(2005)提出,生产性服务业是为生产、政府管理和商务活动提供并且不是直接面向个人消费者提供的服务,不直接参与物质或者生产的转化,然而又是任何工业生产环节中不可或缺的经济活动。

以上研究人员对生产服务业概念的研究表明,生产性服务业是指那些主要为满足中间需求、向外部企业和有关组织的生产活动提供中间投入服务,从而来进行商业的运作和进一步的生产而不是主要用来满足最终直接消费的个人的行业。综上所述,生产性服务业(producer services),指的是那些不直接参与生产或者物质的转化,然而又是任何工业生产环节中不可或缺的经济行为,也就是指那些为社会提供各种非实物形态的服务性产业。它的内涵表现在以下方面:第一,不直接参与物质的转化;第二,它是一种中介工具。生产性服务业具备中介功能,为商品的生产销售提供各种服务,也为其他服务活动提供服务;第三,它表现为"外部化"的发展趋势。企业内部的各种服务生产活动不断分离出来,形成独立的专业化服务行业,促进了生产性服务逐渐外部化;第四,它是一种基本的经济活动。许多生产性服务机构具备向区域外部输出服务的能力,并为当地增加收入,也就是可以认为生产性服务业具备可贸易性;第五,它是信息、知识和技术水平密集的行业。

2.1.1.2 外延

由于在许多行业中都存在消费性服务和生产性服务交叉或共存的问题,且迄今为止的国民经济统计核算中还没有将生产性服务业和消费性服务业分别统计的行业体系。

Herbert G. Grubel(1993)从服务对象出发,把服务业分为个人服务的消费者服务业、为企业服务的生产性服务和为社会服务的政府服务业三个部分,这三个部分在其功能、特点、收入弹性、就业特征等方面均有着不同的本质表现,见表 2-1。

表 2-1 生产性服务业的分类

类型	生产性服务		消费性服务	政府(社会)服务
功能	满足厂商的生产需求		满足个人最终需求	提供公共产品
需求性质	中间需求		最终需求	最终需求和中间需求
行业细分	交通、物流、批发、信息服务、金融保险	研发、设计、技术咨询、会计、法律、工程和建筑服务、广告	娱乐休闲、文化艺术、饮食、房地产、医疗、教育	政府服务、公益服务、义务教育、社会福利部门、公立医院等
特点	可以实现标准化	难以实现标准化	个性化、人性化	难以标准化
收入弹性	不明确	不明确	较高	较高
劳动生产率	可以提高	难以提高	难以提高	不明确。因为该类服务不存在市场意义上的价格,同产业结构优化和升级的关系不大,主要受政府功能定位和财政收入的影响
就业特征	吸纳能力不强	吸纳能力较强并且人才高端化	吸纳能力强	
资本和技术密集性质	资本和技术密集	人力资本密集	劳动力密集	

资料来源:格鲁伯、沃克:《服务业的增长:原因与影响》,陈彪如译,上海三联书店 1989 年版。

裴长洪,彭磊(2008)对《国民经济行业分类》(GB/T4754—2002)分类体系下不同服务行业的所属类型做出如下界定,见表 2-2。对有争议行业类型的界定,主要依据其主要的服务对象来确定。比如金融业,就行业的主要服务对象和行业增加值的主要构成来看,以生产性的企业为主,因此属于生产性服务业。

表 2-2　中国《国民经济行业分类》(GB/T4754—2002)第三产业界定及行业属性

行业分类	属性	行业分类	属性
F 交通运输、仓储和邮政业	生产	N 水利、环境和公共设施管理业	公共
G 信息传输、计算机服务和软件业	生产	O 居民服务和其他服务业	消费
H 批发和零售业	消费	P 教育	公共
I 住宿和餐饮业	消费	Q 卫生、社会保障和社会福利业	公共
J 金融业	生产	R 文化、体育和娱乐业	消费
K 房地产业	生产	S 公共管理和社会组织	公共
L 租赁和商务服务业	生产	T 国际组织	公共
M 科学研究、技术服务和地质勘察业	生产		

　　由于服务业活动的复杂性,其分类呈现了多样的特点。虽然生产性服务业这一概念得到了认可,但对其提供具体活动的外延还没有形成普遍的认可。经济学家根据各自的研究需要以及数据的可获取性,提出生产性服务业的具体产业。详见表 2-3。其中意大利学者 Momigliano 等(1982)利用投入产出表,把服务业中用于中间需求的那部分定义为生产性服务业。程大中和陈宪(2005)曾采用投入产出法分析生产性服务或服务业中作为中间投入的服务。李冠霖(2002)利用中国 1997 年的投入产出表将服务业中的中间需求率高于 50% 的行业界定为生产性服务业,低于 50% 的是消费者服务业。Goodman & Steadmen(2002)把服务业中中间需求率高于 60% 的部门定义为面向生产者的服务行业,把中间需求率低于 40% 的部门定义为面向消费者的服务行业,把中间需求率位于 40%～60% 的部门定义为混合服务行业。高传胜、李善同(2007)利用"中间使用率"和"非居民消费比例"两个指标作为判断生产性服务业的标准。尚于力等人(2008)采用投入产出法,将中间需求率大于 50% 的行业界定为生产性服务业。

表 2-3　生产性服务业的外延分类一览表

学者或机构	范围
Browning & Singelman (1975)	法律及商务服务;经纪;金融;保险
Ashton & Sternal (1978)	会计审计;广告;研究开发;企业咨询及法律会计;工程测量与建筑服务

续表

学者或机构	范围
Howells & Green (1986)	商务服务;职业和科学服务;金融;保险
Drennan(1989)	商务服务;大众传播;金融;法律与专业服务
Niles(1990)	会计;研发;技术咨询;金融;保险;运输;大众传播
Geo & Shanahan(1990)	技术咨询;广告;会计;商业银行;不动产;研发;法律
Coffey & Bailly(1991)	广告;工程服务;设计;管理咨询;会计
薛立敏(1995)	租赁;国际贸易;土木建筑;运输仓储;通信;法律;金融;保险;经纪;信息服务;
段杰、闫小培(2003)	研发;综合技术服务;金融保险;信息服务;房地产;计算机应用服务
来有为(2004)	金融保险;房地产;信息服务;研发;商务服务;教育培训
钟韵、闫小培(2005)	计算机应用服务;会计;广告;技术和科学服务;法律;管理咨询;投资服务;猎头服务;金融保险;房地产
程大中(2005)	金融服务;专业服务;信息服务;其他服务
蔡玉贞(2007)	交通运输服务;通讯技术服务;建筑劳务服务;金融保险服务;金融服务;计算机和信息服务;特许使用和许可费;咨询;广告;其他商业服务
高传胜、李善同(2007)	批发零售贸易业;交通运输和仓储业;计算机服务软件业;信息传输;租赁与商业服务业;金融业(保险)等
尚于力、申玉铭、邱灵(2008)	交通运输仓储及邮政通讯服务、批发零售服务、金融保险服务、计算机服务、租赁和商务服务、地质勘查和水利管理服务
王荣艳、齐俊妍(2009)	版权和许可证服务;通讯服务业;金融服务业;保险服务业;建筑服务业;计算机信息服务业;其他商业服务
美国商务部	商务服务(例如,电脑、工程、法律、广告以及会计);教育;金融;保险;信息
美国统计局	金融;保险;不动产;商务服务;法律;行业协会;其他专业服务
英国标准产业分类	物流;废弃物处理业;金融保险;广告;研发;贸易协会
香港贸发局	金融;信息与中介服务;专业服务;与贸易相关的服务
《十一五纲要》	交通运输业;现代物流业;金融服务业;信息服务业;商务服务业

资料来源:由部分转引自裴长洪、彭磊:《中国服务业与服务贸易》,社会科学文献出版社 2008 年版,第 38 页及相关文献整理。

表 2-4　香港生产性服务业的分类的细化

专业服务	建筑、工程、测量、组装与构造、法律服务、会计、设计、管理咨询
信息和中介服务	出版行业、通讯、电影、信息技术、广告与市场销售研究
金融服务	基金管理、银行、债务市场、金融保险、风险投资
与贸易相关的服务	快件、工业检测、仲裁与调节、会展、进出口贸易、航空运输、海上运输、运费到付

资料来源:香港贸易发展局。

2.1.2　生产性服务业的特性作用

生产性服务业是一种中间投入的服务,除了包括服务产品的一般特点特征之外,还有以下特点:

(1)产业关联性。生产性服务业不断地渗透到企业的每一个价值链环节中,贯穿于产品生产的整个环节,既有对产品生产"上游"的服务,又包括对产品生产"中游"和"下游"的配套,具体包括生产设计、营销、运输、售后服务等价值链的不同环节,同时,这些渗透在不同价值链环节中的各种生产性服务之间又具有较强的正向关联性,它们之间相互协同,共同构成一个完整的流程和价值增值过程。这些上下游的服务将会直接影响到制造业企业的价值增值过程以及相关产业的效率。

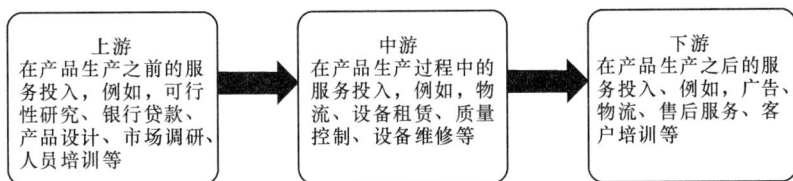

图 2-1　生产性服务业与制造业之间的内在联系

来源:引自裴长洪、彭磊:《中国服务业与服务贸易》,社会科学文献出版社 2008 年版,第38 页。

(2)知识密集性。生产性服务业大多具有知识密集的特点,其主要活动分布在产业链和服务价值链中价值含量最高的部分,同时,生产性服务业还是一个将知识资本和人力资本引入生产过程的产业,是一个将专业知识和技术传输给客户的产业。整体上看,生产性服务业发展就是一个知识资本和人力资本积累的过程,即通过知识资本、人力资本的积累以及日益专业化的服务推动经济的可持续发展。

（3）持续创新性。生产性服务业发展是一个持续创新的过程，同时也是现代高新技术应用的主要使用者、传播者和推动者。比如从现代物流业的发展来看，在其为生产企业提供物流服务的过程中，既有对计算机技术的大量应用，也有对"物"的通讯技术实现信息化的过程。

（4）国际化与外部性。从发达国家生产性服务业的发展历程来看，生产性服务业具有很高的国际化程度，已经形成一批具有国际知名度的生产性服务公司，它们的业务遍布全球。同时跨国公司将自己以前由内部进行的生产性服务活动实施垂直分解外部化，将采购、研发、内部运输、设计、售后服务等活动外包给外部企业，带动生产性服务业的发展。

由于生产性服务业的飞速发展，各国经济学家开始意识到其相关的作用。

格鲁伯和沃克（1989）认为，生产性服务是将社会经济发展中日益专业化的知识资本和人力资本导入商品和服务生产过程的飞轮，在很大程度上构成了这些资本进入生产过程的重要通道。所以，它能够提高商品和服务生产的运营效率、生产规模以及其他投入要素的生产效率，同时增加了其产出的总价值。这一观点已被 Guerrieri 等人（2005）的实证研究证实，他们以 20 世纪 90 年代经合组织 11 个国家的数据为例，在研究生产性服务业国际竞争力和专业化的决定因素时，指出一国制造业的发展程度与生产性服务业有着密切的关系。王贵全（2002）指出，生产性服务是服务经济形成与服务贸易的动力之源。薛立敏等（2003）提出，将生产性服务业的所有提供者看成是一个专家团队的集合体，这个集合体能提供相关的技术和知识，增加了生产迂回度，从而促使生产更专业、资本更深化，劳动力、资本、土地、企业家精神等生产要素的生产能力更强大。随着经济社会的发展，市场容量不断扩大，分工与专业化的程度逐渐深化，经济效率越来越决定于由不同生产活动之间建立起来的联系属性，而不是取决于生产活动自身的生产能力。李江帆、毕斗斗（2004）认为，在工业经济的时代，生产性服务越来越频繁地加入到生产制造的过程中，它承担的角色慢慢地从具有润滑剂作用的管理功能，转变成有利于企业生产中更高效运营和提升产出价值的一种间接投入。在后工业经济时代，经济社会的发展不仅仅依赖于工业制造和生产，而且依赖各个经济部门，因为生产性服务全面地渗透到经济发展的各层面，从而成为创新研发和新型技术的主要传播者和提供者,具有了更多的战略性功能和"推进器"的效果。详见表 2-5。

表 2-5 生产性服务在生产系统中扮演角色的演变

Ⅰ(20 世纪 50 年代—70 年代) 管理功能("润滑"效果)	Ⅱ(20 世纪 70 年代—90 年代) 促进功能("生产力"效果)	Ⅲ(20 世纪 90 年代—) 战略功能("推进器"效果)
• 财务 • 总量控制 • 存货管理 • 证券交易	• 管理咨询 • 市场营销咨询 • 咨询工程(咨询业) • 商业银行 • 房地产	• 信息和信息科技 • 创新和设计 • 科技合作 • 全球金融中介 • 国际性大项目融资服务

　　Markusen 等(2005)在更微观的层面对生产性服务进行了评论分析,并认为一国生产性服务缺乏时可引进国外较先进的服务要素,从而弥补国内最终产品由于缺乏相关服务投入所导致的比较劣势。程大中(2006)从现代经济增长理论指出,如果生产性服务投入在发生种类上的不断增加与服务的质量上的连续改进,就会促进内生技术进步。而生产性服务在新型工业化中的作用,不仅表现在其自身作为利润源泉的价值,更表现在其是各个专业生产制造环节中纽带而发挥的"黏合剂"功能。通过生产性服务业这一纽带,制造业逐渐"服务化",服务业逐渐"机械化、自动化"。刘志彪(2006)认为,生产性服务业具有其独特的经济功能,如降低交易成本,促进新型资本深化、推动了专业化分工的不断深化与泛化,以及培育了产业的竞争能力等,所以已经成为一个国家竞争优势的主要源泉。裴长洪、彭磊(2008)指出,从制造业中分离出来的服务业大部分都是知识密集型的服务业。而社会分工有利于知识积累、扩散,并促进了知识资本与人力资本大规模进入生产过程中,进而推动了经济的增长。知识因其生产的高成本与扩散的低成本(源于知识的非竞争性),生产性服务业作为一种生产要素投入生产后,生产可能出现递增报酬。

　　由以上的研究表明,生产性服务业紧紧围绕企业价值链的每一个环节提供中间服务,既有在企业上游提供的研发、设计服务,又有中下游营销、运输、售后服务等配套。在微观角度上分析,在企业价值链的每一个环节,生产性服务业不仅本身创造价值,进行知识创新、市场开拓、人力资本积累、科学技术应用,而且作为专业化的纽带,连接企业各个环节,发挥降低成本、提高企业生产率、推动分工深化等作用。在中观角度上,生产性服务业不但促进产业集群的发展,培养了产业竞争力,而且推动了产业之间、城市之间的相互协调。从宏观角度上分析,生产性服务业已经成为一个国家竞争优势的主要来源。

2.1.3 生产性服务业的发展原因

Bhagwati(1984)认为,不少制造业的企业迫于成本压力,将一些与生产相关程度较低的环节外包,使其内部所提供的服务外部化,促进了生产性服务业的发展。John Tschetter(1987)指出,美国制造业以提高世界市场的竞争能力,把原来由企业内部提供的服务活动转换为由企业外部的专业厂商提供,从而降低了成本,大力促进了美国生产性服务业的快速成长。Grubel & Walker(1989)指出,加拿大服务部门的稳定增长与相对巨大规模主要来自生产性服务业的发展,其原因就是商业复杂性的提高、信息通讯费用的下降及立法环境、工会组织的影响。Coffey & Bailly(1991)认为,货物生产和服务业部门中弹性的生产方式的兴起促进了生产性服务业的快速发展。Goe(1996)认为,影响生产性服务业增长的因素主要是产品和服务生产的转型、大多数产品生命周期的缩短、短期个性化的生产正在取代大规模的批量生产的经营方式,同时,研究与发展、设计和广告、产品和服务的市场分配变得越来越重要。

薛立敏(1995)提出,生产性服务业飞速增长的原因主要是因为分工日益细化与生产技术专业化,服务这一活动在生产过程中担任着评估、计划、协调等职能,这些职能越来越多地由专业化的厂商提供,进而促进了生产性服务业的成长。边泰明(1997)认为,生产性服务业发展的原因是:产品创新与技术改变;调节劳动力分工的扩张;厂商营销的地理范围扩大;政府部门干预与管制的增强;厂商内部管理与厂商外部协调的需要。李金勇(2005)认为,生产性服务业发展是企业内外部因素共同作用的结果。外部因素指的是社会生产力的提高、专业化分工日益细化,为企业外部购买生产性服务提供了前提条件;内部因素则是由于当今市场竞争压力下,企业出于节约成本和培育核心竞争力,把创造价值小或者功能弱的转移出去,从而促进专业化生产性服务的发展。刘志彪(2006)

认为,生产性服务业的发展有两方面的原因,一方面,社会专业化分工的不断深化与泛化,必然引发生产性服务从制造业当中逐渐外部化(或垂直分离)出来,从而实现社会化、市场化与专业化发展;另一方面,经济服务化趋势的日益显著与知识经济的日趋增强,必然会引致对人力资本、知识资本密集的生产性服务的越来越大的市场需求。从微观上来说,由于消费者对商品和服务种类的巨大需求,触发了生产性服务业的快速发展。张为付(2006)认为,生产性中间服务则依赖于制造业的发展水平和生产分工程度。苏敬勤,喻国伟(2008)认为,制造业企业对知识学习和创新的需求是生产性服务业快速发展的重要原因。裴长洪,彭磊(2008)认为,生产性服务业的迅速发展归结为科学技术进步、市场竞争加剧、城市化与工业化相互作用等因素。第一,社会分工的深化是生产性服务业发展的基础。任何生产过程都是由主要劳动和次要劳动或辅助劳动组成。随着社会分工的深化,一方面是主要劳动的各个环节专业化,另一方面则是辅助劳动不断脱离生产过程形成专业化和社会化,共同推动了全社会劳动生产率的提高。生产性服务业提供的知识与技术使产业链延长,进一步加强了资本投入的专业化程度、生产效率和生产规模,使得由中间需求拉动的生产性服务业的作用日益突出。随着生产部门内部服务职能的发展,生产性服务业逐渐从"内部化"走向"外部化"。第二,技术创新的加速增强了生产性服务的市场需求和供给能力。技术创新使企业难以单纯依靠自身力量来应付瞬息万变的国际市场环境,迫使从外部获取资源,从而提高了对生产性服务业的需求。同时,技术进步改进了服务的提供手段,催生了新的生产性服务业。第三,市场竞争的加剧迫使企业将非核心的服务业务外包。第四,工业化和城市化的发展推动了生产性服务业的发展。

总结以上研究,可以得出生产性服务发展的主要原因如下:(1)生产性服务业自身生产率的提高,积累了专业知识、人力资本、技术要素等因素,为其发展提供基础;(2)生产性服务外部化的发展,一方面增加了企业的核心竞争力,使社会分工更加专业化,另一方面为生产性服务业进一步发展提供了平台和空间;(3)个性化市场需求的发展,要求分工更专业化、更细化,进而为生产性服务业发展提供了动力;(4)信息技术的进步改进了生产性服务业的服务手段;(5)立法制度等市场环境的完善为生产性服务业的发展降低企业与专业化的服务企业之间的交易成本。

2.1.4 生产性服务业外部化研究

20 世纪 80 年代以来,以独立部门分离出来的生产性服务业逐渐开始发展。经济发达国家的一些依附于原来生产单位内部进行的生产性服务活动,如包装、运输、营销、产品研发、人力资源管理、广告等,也逐渐从企业内部转移到外部,具体体现为原来的生产单位对外购买,外包了以上这些服务活动。关于生产性服务业外部化的这一现象,经济学家们纷纷展开了研究。

2.1.4.1 生产性服务外部化概念

2.1.4.1.1 内涵

生产性服务业外部化(externalization)是指企业或政府事业单位把以前从内部提供的生产服务转化为由外部专业化的市场购买,从而来满足自身发展的需求的过程。所谓生产性服务的外部化又称为生产性服务的市场化。莫米格里安诺和辛尼斯卡尔科称之为"分包"(dehiving),奇彻特儿称之为"分类处理"(unbundling),麦克费特里芝和斯密称之为"垂直分解"(vertical disintegration),格鲁伯称之为"订约承包"(陈宪,2000;格鲁伯,1993)。与之相对,生产性服务的内部化又称非市场化,是指制造企业内部拥有提供企业所需的全部或部分生产性服务的部门,在企业内部解决自身对服务的需求。

从生产性服务外部化的概念中包含两层含义:第一,生产服务的活动从内到外转移;第二,其外部化的生产服务活动应该为生产流程中的一部分转移,而不是剥离出售。第一点含义显而易见,关于第二点含义解释如下:企业在保留特定产品生产供应的前提下,对生产过程涉及某些环节的生产服务,通过合同方式转移给外部的企业承担。与特定产出的所有生产活动"一揽子转移出售"不同,这里的外部化是企业保持最终产出或产出组合不变的前提下把某些生产服务活动转移出去。实际上生产性服务外部化涉及某个产品内部各环节和区段分工或者是价值链的某个环节的服务活动的转移,而不影响和改变其最终产品的销售。

2.1.4.1.2 服务外部化与服务外包概念区别

在《商务大辞典》中服务外包指的是通常依据双方议定的标准、成本和条件的合约,把原先由内部人员提供的服务转移给外部组织承担。该概念除了包含服务外部化的两层含义外,强化了外部化的形式——合约,即服务的发包方通过合约的形式转移给服务的接包方。从中可以看出,服务外包比服务外部化范围小,发包方只能以合约方式与接包方联系,一些松散的关系如临时的聘任雇佣就不属于服务外包的范畴了。

2.1.4.2 生产性服务业外部化之争论

在生产性服务业是否外部化的问题上,有两种代表性的观点。一种观点基于分工理论和交易费用理论,认为生产性服务业的产生由生产部门在生产过程中通过"外在化"或"市场化"方式而产生的,其由"内部化"向"外部化"演进是一个规律性的趋势。由于生产力的发展,企业的竞争强度越来越高,人们需求开始多样化,社会出现了分工,企业开始追求专业化,同时中间产品及最终产品的交易效率提高、交易成本降低(杨小凯,2002)。而与交易相关的生产性服务业,如法律、金融、会计、交通等行业的快速兴起,极大提高交易效率,促使实体生产的外部化大量出现,即原来作为企业内部的营销、会计核算、研发、咨询、设计等服务职能部门逐渐外包出去,由市场独立运作,从而有利于生产性服务业从内在化向外在化的演变,也就是服务业外包。而服务外包也促进了经济的增长。这样的结果,导致了单位交易效率提高、交易费用下降与网络整体的总交易费用上升同时存在。这是因为,交易效率的提高体现为专业化生产的个体与个体之间单位交易费用的下降,单位交易费用的下降会促使分工的深化,使一些原本不能实现专业化的新的分工领域出现,使交易行为呈指数上升。另外,网络的扩展和复杂化又可能使其中的内生交易费用迅速上升。这些实际上都反映了劳动分工发展和交易制度日益复杂的趋势。因此只有当分工的收益大于因分工而产生的额外的交易费用时,外包才可以实现且不断延续下去(陈宪、黄建锋,2004)。按照古典经济学分工理论,生产性服务外部化指的是专业化程度提升、分工进一步深化的表现。程大中(2006)指出,生产性服务业的发展存在着一个规律性的趋势,即由"内部化"向"外部化"演进,或由"非市场化"向"市场化"演进。生产性服务的外部化、市场化与产业化发展是专业化分工和资源配置从企业内部向市场之中的自然扩展。在经济发展水平与市场化程度较低、市场交易成本较高时，生产性服务通常由企业内部来提供；随着经济的发展、市场化程度的提升以及市场交易成本的降低，经济系统中就开始涌现出专门提供诸如财会、营销、咨询、物流等服务的独立市场主体（或企业），服务需求者可以通过市场来购买所需的各类服务，而无需进行自我服务。毕斗斗等人（2005）认为，生产性服务业与制造业的分工主要通过服务外包体现出来。在生产性服务从制造业企业分离出来的这一过程中，它的生产和经营变得更加专业化，创新的效率和频率不断提高，规模经济从而得到了凸现，于是生产性服务业也快速增长。

另一种观点以顾乃华（2008）为代表，认为外包就表示制造企业导入一个风险源，因为由外部企业提供的生产性服务，企业自身能控制的范围相对很小，不能履行约定合同以及泄漏商业机密的概率大大增大。当今中国市场的法律制度环境、中介组织等发育得仍不成熟，整个社会对商业性欺诈行为和违约行为的惩戒能力非常有限，这些因素势必会阻碍制造企业进行外包。另外，服务外包也意味着这个制造业企业失去了一个利润源。按照波特的价值链理论，企业的所有经济活动都是创造价值的行为，是利润的来源。一般在制造企业价值链的上、中、下游三个环节中，中国的大多制造企业进行的是低端的加工业务，利润很微薄。在这种情况下，如果还将生产性服务这一利润源外包出去，企业的生存就会面临着严峻的挑战。此外，因为中国生产性服务业的市场化程度还比较低，国有企业占据生产性服务行业的主导地位，各种各样的生产性服务普遍存在着价高质低的现象，这都削弱了制造型企业外包生产性服务业务的动机。在"为什么经济活动要在企业内部组织进行"的这一问题上，Coase（1937）& Williamson（1985）的交易成本理论认为，利用管理方法来分配资源和协调活动要比通过市场分配资源和协调活动产生更低的成本。资产专业性、投机行为和有限理性会致使通过市场进行交易的成本很高，所以企业一般将这部分生产活动进行内置化，因为服务这一商品的生产具有生产和消费同时发生的特性，这促使很多服务的质量很难事先控制，搜寻市场相关的信息成本高昂，买者和卖者之间信息的不对称致使市场的非常不透明，这也致使了逆向选择和道德风险问题。从而生产服务的外部交易成本会比实物商品交易的高。Williamson认为，交易服务商品的成本包含了两个部分：一个是事前的交易成本，即起草、谈判、维护和执行一项协议合同的成本。另一个是事后的交易成本,即发生契约签订之后包括获取售后服务在内的执行成本。这为企业的纵向一体化提供了依据。实践也表明了这一观点,浙江省地方统计调查局2008年年底开展了企业创新跟踪调查。调查显示,从创新的研发主体来看,企业开展创新的资源主要来自企业自身或企业集团内部,创新活动主要靠自身力量完成,利用企业外部资源进行外包的较少。

当前大多数经济学家认为生产性服务业产生与发展是社会分工的结果,是制造业发展到一定阶段外包的结果。国外许多发达国家服务业发展的历程以及不少跨国公司的成功经营都验证了这一结果。而另一种观点提出外包在引入风险源的同时也失去了利润源。这两种观点是截然相悖还是因为条件不一而引起的呢?因此本研究会以这两种观点为契机,构建适应中国国情的生产性服务贸易理论。

2.1.4.3 生产性服务外部化原因的解释

20世纪80年代以来,营销、研发等服务业外化成为经济全球化浪潮中最重要的事件之一。激烈的全球经济促进了跨国公司在全球范围内进行产业的战略配置,其中最重要的是供应链的"外包"或"国际外包"。"外包"在发达国家国内促进了中间投入品厂商的独立,催生了中间投入服务业的兴起;而"国际外包趋势"又拉动了其他国家相对低端的制造业和某些高强度利用劳动力资源的中间服务业的发展。(刘志彪,2006)。

很多经济学家对于其外化的原因给出不同解释。Stigler(1951)指出,专业性的生产性服务最初先在制造业企业和一些消费性企业被使用,而且在初期只有大公司有能力自己维持和使用这些服务。对中小型制造业企业是和本地服务业相联系,通常由于成本的原因而不需要专业服务。Guadrado(1986)认为,服务的外部化需求通常和大型企业有关。Maillat(1990),Coffey(1990),W. Richard Goe(1991),Perry(1992),Tordoir(1993),Lacity & Willcocks (1994),Bandt(1995),Diromualdo & Gurbaxani(1998),Christina Costa(2001),刘志彪(2005),张为付(2006)认为,以下原因促使生产性服务业外化:(1)企业通过精简结构能够专注核心技术,获得技术人才,从而提高核心竞争力;(2)减少固定成本,保持企业灵活性;(3)寻求外部市场的新技术新资源;(4)跨国公司战略部署决定了全球服务呈现外部化。

Loh Lawrence & Venkatraman(1992)认为,在宏观层面上暂时的经济周期和趋势推动企业通过签订外包合同来实现基础设施管理的合理化;在行业层面,竞争压力迫使企业与重要的供应商建立合作伙伴关系;在企业层面,追寻竞争优势推动服务外化决策。格鲁伯(1993)提出,不断扩大的厂商规模与交通运输的低廉费用相结合,使得保持内部扩大的专业化是可能的。王贵全(2002)总结了以下因素促进了生产性服务的外化和市场化:(1)专业化的加强和技术诀窍的快速变动,使得在商场上购买某些种类的专业技能比在企业内部生产更有利;(2)由于通信技术的进步与费用的降低和交通便利的加强,使得服务的市场交易效率提高;(3)在法律和工会组织的影响下,雇主的非工资费用趋于增加,使企业雇佣工人的总成本上升。因此企业选择服务的外在化可能比内在化更合算。陈菲(2005)总结为服务外化的原因包括外部环境动因和内部推动力量。其中外部环境动因指的是信息技术和互联网等技术动因、经济全球化的经济动因,适应市场环境变迁的市场动因;服务外部化可以通过节约企业成本、关注核心竞争力等内部推动力量提高企业绩效。谢林伟、陈凯(2006)提出了现在的发展趋势给实施生产性服务外部化降低其交易成本带来了可能性,主要包括:(1)信息技术的飞速发展有利于降低生产服务外部化的交易成本;(2)生产服务的供应方和需求方通过建立持久稳定的合作关系,从而有效地减低交易成本;(3)生产服务部门的不断改革和发展,也降低了服务外部化的交易成本。有些生产服务比如员工雇佣、内部、管理会计、营销和 R&D 活动等涉及企业内部的核心商业机密和经验诀窍,其外部化的成本非常昂贵,需要由企业自身提供。除此以外,中国应该大大鼓励生产性服务业市场化。钟韵(2007)认为,制造业企业的规模大小和复杂程度会影响其选用生产性服务活动的途径。

从上分析可以得出以下原因促使生产性服务业外化:第一,从企业内部环境来看,(1)企业通过精简相关的生产性服务的结构,专注核心技术,获得技术人才,从而提高核心竞争力;(2)减少企业固定成本,保持企业灵活性;(3)获取外部市场更专业的新技术新资源;第二,从市场环境来看,(1)跨国公司战略部署决定了全球服务呈现外部化;(2)外部化交易成本的较低有利于生产性外部化的开展;(3)科学技术的发展为生产性服务行业提供了手段。然而,这些解释仅能表明生产服务外部化的动力,并不能表明企业选择外部化生产服务而不是内部化生产服务的原因。

2.1.5　简要评述

由于发达国家在上世纪 80 年代初期已进入服务经济社会,生产性服务业得到长足的发展,而近几年中国上海、广州等城市生产性服务业的发展,为国内外的研究者提供了很多研究素材和实践。由于国内外学者的共同研究,生产性服务业的相关研究内容已经从概念、分类、特性延伸到生产性服务业的发展动因,区位选择,外部化动因,与制造业的互动关系,对产业集群、城市、大都市圈、区域、国民经济发展的作用等方面;研究视角囊括了产业经济学、地理经济学、组织经济学、企业管理学等学科;研究理论涉及社会分工理论、交易成本理论、产业关联理论、知识经济理论、价值链理论等。生产性服务业的相关研究已经很丰富了。本书根据研究需要,对生产性服务业的文献总结仅从生产性服务内涵、生产性服务业与制造业的关系、生产性服务业的模型、生产性服务业外部化问题等方面展开。

虽然生产性服务业这一概念得到了认可,但对其提供具体活动的外延还没有形成普遍的认可。为了更能体现生产性服务业这一中间投入的特性,投入系数(又称直接消耗系数)和非居民消费比例等指标界定的生产性服务业更合理更科学。而生产性服务业紧紧围绕企业价值链的每一个环节提供中间服务,既有在企业上游提供的研发、设计服务,又有中下游营销、运输、售后服务等配套。在微观角度上分析,在企业价值链的每一个环节,生产性服务业不仅本身创造价值,进行知识创新、市场开拓、人力资本积累、科学技术应用,而且作为专业化的纽带,连接企业各个环节,发挥降低成本、提高企业生产率、推动分工深化等作用。在中观角度上,生产性服务业不但促进产业集群的发展,培养了产业竞争力,而且推动了产业之间、城市之间的相互协调。从宏观角度上分析,生产性服务业已经成为一个国家竞争优势的主要来源。对于生产性服务业的产生原因,解释主要如下:第一,生产性服务业自身生产率的提高,积累了专业知识、人力资本、技术要素等因素,为其发展提供基础;第二,生产性服务外部化的发展,一方面增加了企业的核心竞争力,使社会分工更加专业化,另一方面为生产性服务业进一步发展提供了平台和空间;第三,个性化市场需求的发展,要求分工更专业化、更细化,进而为生产性服务业发展提供了动力;第四,信息技术的进步改进了生产性服务的服务手段;第五,立法制度等市场环境的完善为生产性服务业的发展降低企业与专业化的服务企业之间的交易成本。

　　生产性服务业外部化指的是企业或政府事业部门将原来由企业内部提供的生产服务转化为从企业外部的专业市场进行购买,从而来满足其自身的需求过程。在生产性服务业是否外部化的问题上,有两种观点:一种大多数经济学家认为生产性服务业产生与发展是社会分工的结果,是制造业发展到一定阶段外包的结果。国外许多发达国家服务业发展的历程以及不少跨国公司的成功经营都验证了这一结果。而另一种观点提出外包在引入风险源的同时也失去了利润源。这两种观点是否截然相悖呢?第一种观点主要是基于分工理论的,而第二种观点是基于价值链理论的,两种理论其实是对两种经济现象进行了解释,并且这两种经济现象发生在经济发展的不同阶段,因此只能融合分工理论、交易理论和价值链理论分阶段解释生产性服务外包的现象。

2.2　生产性服务贸易的相关研究

2.2.1　生产性服务贸易的内涵

　　根据 scholar.google 搜索显示,生产性服务贸易(Trade in Producer Services)最早是由 James R. Markusen 在论文《Trade in Producer Services and in Other Specialized Intermediate Inputs》中提及的,这之后 Melvin(1989),Joseph F. Francois(1990,1993),Landesmann & Petit(1995)等学者陆续对生产性服务贸易开展了研究。在意识到生产性服务贸易是服务贸易的重要内涵和发展趋势后,国内一些学者陈广汉、曾奕(2005),曾奕、李军(2006),蔡玉贞(2007),汪素芹、胡玲玲(2007),郑春

霞,陈漓高(2007)等也进行了相关研究。

2.2.1.1 生产性服务贸易的内涵

James R. Markusen(1989)在模型中指出,仅有最终货物的贸易是具有专业中间投入贸易的劣质替代物,他构建了具有报酬递增的专业化中间投入的贸易模式,而具有报酬递增的专业化中间投入产生的贸易即是生产性服务贸易。Melvin(1989)的生产性服务贸易指的是 H—O 模型中加入了生产性服务业投入后的贸易模型。Landesmann & Petit(1995)所指的生产性服务贸易是与货物贸易相关的运输业、金融性和生产性的服务业。Francois(1990)强调他研究的生产性服务贸易是在专业化进程中对劳动分工和报酬递增具有明显作用的服务贸易。郑春霞、陈漓高(2007)研究的生产性服务贸易指的是生产性服务业的贸易。庄丽娟,陈翠兰(2009)认为,生产性服务业是指那些为生产者提供作为中间投入服务的部门与行业;而生产性服务贸易指这些部门的对外贸易。

综上所述,生产性服务贸易非常强调在贸易和全球产业链中的中间性的服务投入,是生产性服务业在国际市场上的延伸。但其作为一个概念,其相关的内涵界定几乎没有。

本书意图从全球价值链的视角定义生产性服务贸易。全球价值链指的是在全球范围内实现服务或者商品的价值而连接研发、生产、销售、回收处理等过程的全球性跨国的网络组织,涉及从原料采集和运输,半成品和成品的生产和分销,以及最终营销和回收处理的整个过程。生产性服务业围绕着全球价值链的每一个环节进行中间服务的投入,既有在企业上游进行的设计服务、研发,又有中下游的售后服务、营销、金融保险、运输等配套。这时候生产性服务业已经追随全球价值链跨越国界,分布在全球,成为生产性服务贸易。

本书认为,生产性服务贸易是那些跨越了国界来满足全球价值链的中间需求并为其进一步的社会物质生产而提供各种各样的非物质形态的服务性活动行为。在价值形态上生产性服务贸易可以表现为在全球价值链的各个中间环节进行价值链的价值增值的跨国界的投入。因为全球价值链既包括生产环节又包括服务活动,所以价值链的增值既是生产环节的增值又是服务活动本身创造的增值。

服务贸易有四种贸易方式：跨境交付、商业存在、境外消费和自然人流动。本书认为生产性服务贸易存在方式有两种：第一种是生产性服务外包，以跨境交付和境外消费为主要方式而存在；第二种是跨国公司的内部总公司与子公司之间或子公司与子公司之间跨越国境的生产性服务，以商业存在为主要交易方式。从本书的界定可以看出，国际生产性服务外包是在生产性服务贸易的范畴之内的。

2.2.1.2　生产性服务贸易的外延

曾奕、李军(2006)选取了包括运输服务、保险服务、金融服务，与贸易相关的服务、通讯服务、电脑及资讯服务、专利权及版权服务、建造服务、建筑、工程及其他技术服务、法律服务、会计、核算及税务顾问服务、商业管理顾问服务及公共关系服务、广告及市场研究服务和运作租赁服务等14类作为生产性服务贸易行业。汪素芹等人(2007)认为，运输、金融、保险、通讯、计算机和信息服务、专利权使用费和特许权、咨询、广告宣传为生产性服务贸易的内容。

从当前的研究可以看出，一些具体对全球价值链进行中间投入的行业被称为生产性服务贸易行业。本书拟采用投入—产出方法测算生产性服务贸易。这种方法利用一国的投入产出表，因此数据受到限制。

2.2.1.3　生产性服务贸易的作用

Mary Amiti & Shang-Jin Wei(2006)在进行美国离岸制造业的生产率分析时指出，离岸服务业对提高生产效率具有非常积极的作用，能占到生产率的10%左右。张为付(2006)指出，跨国公司的对外直接投资行为一方面深化了国际间的垂直分工程度，促进了生产性服务业的分离，产生国际间的服务贸易；另一方面东道国的服务业部门也成为跨国公司的直接目标，使东道国在国内就可以享受国际服务业产品。Francois(2007)的研究指出，在比较先进的行业中，商业性服务的进口对制造行业的出口模式有着非常重要的决定意义，尽管在整体产品出口上的效应还不显著，但其在技术密集型行业中(主要指机动车、化工业、机械和电子设备等行业)有着非常显著的正向作用，所以商业性服务的离岸外包提高了各个经济体技术密集型工业的竞争力。郑春霞、陈漓高(2007)指出，数量和种类巨大的中间产品、零部件分别来自于不同的产地，从而致使中间产品贸易额和公司内贸易额的上升。生产性服务是把跨国公司分散的生产空间联系起来的重要纽带，也是跨国公司进行全球生产和销售网络投入的必要要素。庄丽娟、陈翠兰（2009）用了 OLS 法指出：服务贸易对制造业贸易的促进作用主要源于生产性服务贸易部门，而生产性服务贸易部门中又以现代生产性服务贸易对制造业贸易的促进作用较大，传统生产性服务贸易对制造业贸易的促进作用较小。

综上研究可知，服务业是农业、工业的黏合剂；而生产性服务贸易是全球价值链的重要黏合剂，通过相关的实证研究发现其对货物贸易以至整个经济的发展起到的作用也越来越重要。

2.2.2 生产性服务贸易的理论

当前对生产性服务贸易的理论解释有两种。一种是 Sapir & Lutz（1981），Nusbaumer（1987），Deardoff（1984），James R. Melvin（1989），Mario Polise & Roger Vcrregult（1989），Sauviat（1990）指出的以 Heckscher-Ohlin-Samuelson 理论（简称 HOS 理论）为代表的要素禀赋的比较优势理论。比较优势指的是某种经济活动或行为能够密集利用其特定的国家或经济体内部较丰裕的要素从而带来的低成本的优势。其生产过程内部的服务投入，是由不同技术、人力资源、资本、信息资源等要素提供。因为不同的国家和经济体内不同类型的技术、人力资源、资本、信息等要素的相对稀缺程度和相对价格的不同，在技术以及其他条件允许的情况下，把不同的生产环节服务拆分到它们认为的要素价格相对较低的国家或经济体进行，并利用获得规模经济或节约成本来赢得比较优势的利益。该理论认为比较优势的原则依旧适用专业化分工的服务贸易。如比较优势原理对当今软件的国际生产现象进行解释。见图 2-2 的软件生产"瀑布模型"。"瀑布模型"将软件的生产区分为若干的区段和流程，最高级别的区段的分析和需求计划界定为软件的定义阶段，则需要多种复合型专业人才的投入，这往往由高端类的咨询公司承担。工序流程和编码测试一般对员工技能要求比较低，一般高中或职高毕业的学生经培训后就可以胜任该区段工作。由于软件生产不同区段要求的人员素质不一样，因此不同国家的不同类型的人力资源禀赋也不一样，按照比较优势原理,技术程度比较低的由劳动力成本低的国家承担,技术要求高的由人力资源投入高的国家承担,这样就可以节约成本或者提高效率。肖中明(2003)认为金融服务贸易的内生比较优势是由资本、人力资本、信息技术、金融制度等方面决定的。

但 HOS 理论的前提是生产要素的不可移动和不考虑技术因素,且服务贸易同时存在大量进口及大量出口的产业内贸易现象,该理论假设前提与服务贸易现实不符,且无法解释服务贸易产业内贸易的现象。

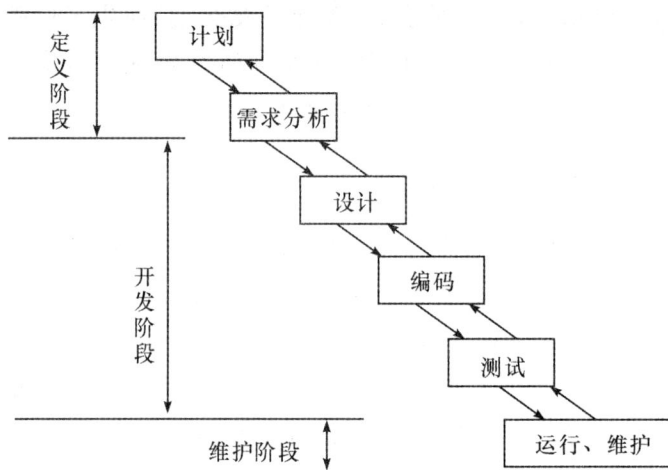

图 2-2　软件开发生产的"瀑布模型"

资料来源:卢峰:《服务外包的经济学分析:产品内分工视角》,北京大学出版社 2007 年 12 月

因此另一类学者 Markusen(1986),Jones,Kierzkowski(1988),Petit(1988),Francois(1990),Landesmann,Petit(1995)等人试图从产业组织理论解释生产性服务贸易。该理论指出,企业对一些特定的投入品或者流程工序,考虑通过市场进行外部购买比如贸易的方式,还是通过企业自己内部进行制造视情况而定,假定生产成本相同的话,内部进行制造和自身提供产品使得企业的规模扩大而支付比较高的组织成本,从外部购买则利用市场机制进行支付交易成本,而在全球范围内的外部贸易进行购买是利用了市场机制从而支付了交易成本。理论上假定最后一个服务投入环节的成本满足了交易成本和组织成本边际相等的条件。且这一理论强调该生产流程会面临交易成本上升的约束。此外组织中经验经济效应的产生也有利于生产性服务贸易发展。经验经济效应是

指职工在实际业务操作和工作过程中,利用提升技能和积累经验带来的效率提高和成本降低。熟能生巧的经验经济效应,一般与职工完成的累计产出数量成正向关系。因此专业性的服务机构在提供跨国的服务即生产性服务贸易时具有经验效应的优势,无论在深度和广度上都有企业自身无法比拟的优势。Landesmann & Petit(1995)则从规模经济效应、范围经济和交易成本三个角度解释了生产性服务贸易的专业化和非专业化趋势。王荣艳(2008)认为,以下因素是东亚生产性服务贸易迅速增长的原因:第一,生产网络对生产性服务链的需求。当生产分割实现后各个环节可在不同区域生产,整个生产区域生产的中间品成本大大降低,而所需的服务链随着分割环节的增加而增加;第二,产业结构升级对生产性服务的加速需要。

比较优势理论强调把不同生产环节的服务进行拆分到它们所需要的要素价格相对比较低的国家,从而利用获得规模经济或节约成本来赢得比较优势利益。产业组织理论通过经验效应、范围经济、市场需求、产业结构升级等因素解释生产性服务贸易的发展。显然传统的比较优势理论和现代产业组织理论在解释生产性服务贸易这一现象上,都有其合理的解释。从某种程度上说,产业组织理论也应用了比较优势理论;比较优势理论也考虑了产业组织因素。因此融合两个理论中对生产性服务贸易的合理解释是最优的。

2.2.3 生产性服务贸易的贸易模式

Markusen(1989)、Melvin(1989)、Francois(1990)、Jones & Ruane (1990)、Marrewijk et al. (1997)、de Vaal & van den Berg(1999)、Deardorff(2001)等人对生产性服务贸易的贸易模式和服务贸易自由化的贸易模型展开了研究。其中有很多经济学家慢慢地把引力模型引入对服务贸易的研究。Francois(1990)利用简化的引力模型分析了生产性服务贸易的贸易模式,强调了生产性服务部门的外部专业化,即生产性服务在协助和联络各专业化生产中规模经济和要素市场的关系,指出参与生产性服务的国际贸易或跨国公司,有助于各国特别是发展中国家提高国内的专业化水平和融入国际化进程。生产性服务贸易在实现国家规模报酬中发挥着关键的重要作用。Kimura & Lee(2004)挑选了26个

OECD 国家的服务贸易相关数据,且利用标准的引力模型进行了验证,指出大多数使用引力模型的变量都是显著相关的。国内学者近期也对该问题有了进一步研究,曾奕、李军(2006)以实现服务贸易自由化的香港为中心,考虑了服务输入和服务输出国的 GDP、人口、距离、经济自由度以及文化和语言等作为经济变量,借鉴了引力模型的分析框架,对金融服务、运输服务和商贸服务等三类生产性服务贸易进行研究,分析结果显示实现生产性服务贸易自由化的地方或国家的生产性服务具有很明显的双向贸易特性,不同形式的生产性服务贸易采用不同的贸易模式,传统的引力模型注重距离等有关变量这些并不是影响现代生产性服务的贸易额的重要因素。另外,生产性服务贸易竞争能力相对弱的国家或地区的经济开放程度加大将促使生产性服务贸易竞争能力较强的发达国家对自己国家的生产性服务贸易出口额上升,但进口额变化不显著,也就是发展中国家的该行业的逆差不断上升;而与文化和历史传统比较接近的地区或国家实行生产性服务贸易的开放则促使了两者,进出口额都显而易见地提高了。

生产性服务贸易模型相关的研究还有:Jones & Kierzkowski(2005)提出的"JK 模型"。该模型假定:第一,分工专业化程度的加深使分散化生产具有报酬递增的性质;第二,分工水平既定时,作为连接作用的服务的总成本是固定不变的,即总成本不随提供的服务数量的变动而变动,因此具有报酬递增性质;第三,各国或同一国家的各地区之间技术水平及生产要素和其他投入有着很大的不同,国家制度、税收模式及国家间要素报酬有所不同。该模型认为生产企业将生产过程分散到不同国家地区而形成不同中间产品的生产区段或价值链,这些区段由各种生产性服务(如运输、通讯等)连接在一起。图 2-3 表示的是在全球价值链中投入生产性服务后的变化过程。射线 1 表示生产过程完全在某一地区的唯一公司内部完成,射线 2 代表生产在两个生产率与要素禀赋不同的地点完成,这种两地区的生产方式的选择导致了边际成本下降。射线 3、4 分别表示生产地点的进一步分散,即价值链跨越更多的国家后,边际成本的下降。OA、OB、OC 分别代表了不同的分工水平导致的不同的生产性服务成本。虽然随着价值链跨越国家的数量增加导致生产性服务成本的增加,从而导致总成本曲线上移,但随着产量增长,生产总成本会被新投入的更专业的生产性服务降低的边际成本抵消,从而生产企业将某个生产阶段转移到国外就能最小化其生产成本。图中各段加黑的部分就是该最终产品每一个产量所对应的最小成本的轨迹。

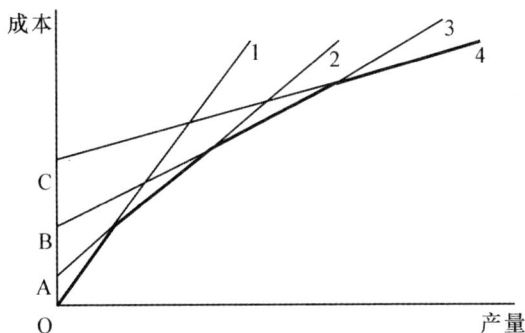

图 2-3　JK 模型

其他的模型还有:Markusen(1989)讨论了其生产具有规模报酬递增特征的差异化或专业化中间产品的贸易,即生产性服务贸易。他得出结论:第一,生产性服务的自由贸易帕累托优于封闭经济,但单纯的商品贸易未必如此;第二,从世界整体看,生产性服务的自由贸易优于商品的自由贸易,尽管从单个国家的角度出发未必这样。Charles van Marrewijk,Joachim Stibora,Albert de Vaal & Jean-Marie Viaene(1996)建立生产性服务贸易、规模经济与要素市场一般均衡。Joseph F. Francois and Ludger Schuknecht (1999)构建了金融服务贸易模型,探讨了金融服务部门对外开放、金融部门竞争度与经济体的长期绩效之间的内在关系,认为金融服务贸易或金融部门的对外开放,有助于促进竞争,提高金融行业的绩效,从而提高经济增长的绩效。James Markusen,Thomas F. Rutherford & David Tarr(2000)构建了不完全竞争的服务业与货物贸易的模型,指出服务部门通过关税及其自身的竞争影响了货物贸易的产值,并提出服务贸易的自由化有利于包含国际投资在内的货物贸易的发展。Joseph F. Francois(1993)利用了美国部分专业服务贸易和保险服务贸易的数据,指出美国的服务贸易具有很强的双向性,即大量进口的同时也大量出口,而其双向贸易指数的高低取决于诸如具有差异性的产品、贸易双方国家的规模、收入等因素。

Chang et al.(1999)利用世界服务贸易的数据分析了各国服务业各

部门的专业化程度。Midelfark-Knarvik et al.（2000）借助生产和就业数据分析了服务贸易的专业化模式。Paolo Guerrieri, Valentina Meliciani（2005）通过实证分析指出信息交通服务对生产性服务贸易的效率有显著的推动作用。王荣艳、齐俊妍（2009）对一国生产性服务提供函数进行了外部规模经济的假设，在此基础上构建生产性服务贸易与中间产品贸易以及最终商品贸易模式的理论模型；利用两步骤计量经济模型分析法考察制造业生产分割框架下生产性服务贸易与商品贸易（包括中间品贸易和最终商品贸易）的模式特征。

Ngo van long, Ray Riezman, Antoine Soubeyran（2001）构建了两个国家、两种商品全球化生产的一般均衡模型。Sim（2004）搭建了一个经济较发达国家和欠发达国家的生产共享框架，从理论上检验了一个小型经济开放体转向全球价值链的影响因素。唐海燕、张会清（2009）对 40 个发展中国家的实证分析发现，产品内的国际分工对各国价值链的提升有非常显著的推动作用。

在目前已有的文献里，引力模型的研究往往利用了多个国家的某一年的相互贸易额的横截面的数据，将这些国家的相互贸易量混合使用，并且验证的贸易额大多为总量指标，这背后其实假设了这些国家的贸易模式是相同的。但从现实上看，由于不同类型的服务面对的消费群体不同、其相关的需求推动因素不同，各个国家或地区的服务业的发展程度也有较大的差异，所以一般假定这些不同国家的贸易模式相同的前提对模型的影响很大。曾奕、李军（2006）为了避免以上研究缺陷，以一个生产性服务贸易自由化的国家或地区为中心，且这个国家或地区具有双向贸易特征。但围绕一个国家或地区的数据非常有限，因而引力模型在生产性服务贸易中的应用也非常有限。

Jones & Kierzkowski（2005）从传统的微观经济学提出"JK 模型"，但是由于该模型有三个强假设，因此在解释现实问题时显得有点薄弱。Markusen（1989），Joseph F. Francois（1993），王荣艳、齐俊妍（2009）等试图通过生产函数、回归模型等方法来构建生产性服务贸易模型，并通过美国，OECD，东亚等国数据进行验证，对研究生产性服务贸易作出了贡献。但当前就中国的生产性服务贸易模式的研究还是一片空白。

2.2.4 简要评述

生产性服务业贸易（Trade in Producer Services）最早是 1986 年 James R. Markusen 在论文《Trade in Producer Services and in Other Specialized Intermediate Inputs》中提出的，其后 Melvin(1989)，Markusen(1989)，Joseph F. Francois(1990,1993)，Jones & Kierzkowski(1990, 2005)，Landesmann & Petit(1995)，Kimura & Lee(2004)等学者对生产性服务贸易的相关问题进行了分析。在意识到生产性服务贸易成为服务贸易的主要内容和发展趋势后，国内的学者陈广汉、曾奕(2005)，曾奕、李军(2006)，蔡玉贞(2007)，汪素芹、胡玲玲(2007)，郑春霞、陈漓高(2007)，王荣艳、齐俊妍(2009)等纷纷进行了探讨。从当前文献综述可以看出，对生产性服务贸易的研究远远比生产性服务业的研究薄弱得多，而且对生产性服务贸易也没有明确的界定。因此本书结合全球价值链的背景提出：生产性服务贸易是指那些跨越国界满足全球价值链的中间需求并为进一步的物质生产提供各种各样非物质形态的服务性活动。在价值形态上生产性服务贸易体现为全球价值链总的各个中间环节对价值链的价值进行增值的跨国界的投入。通过两种方式存在：一种是国际生产性服务外包，以跨境交付和境外消费为主要存在方式；还有一种是跨国公司内部总公司与子公司或者子公司与子公司之间跨越国界的生产性服务，以商业存在为主要交易方式。服务业是农业、工业的黏合剂，而生产性服务贸易则是全球价值链的黏合剂。

在生产性服务贸易理论的研究上，比较优势理论强调把不同生产环节的服务拆分到它们所需要的要素价格相对比较低的国家或经济体进行，能够通过获得规模经济或者节约成本来赢得比较优势利益。产业组织理论通过经验效应、范围经济、市场需求、产业结构升级等因素解释生产性服务贸易的发展。显然传统的比较优势理论和现代产业组织理论在解释生产性服务贸易这一现象上，都有其合理的解释。从某种程度上说，产业组织理论应用了比较优势理论；比较优势理论也考虑了产业组织因素。因此融合两个理论中对生产性服务贸易的合理解释是最优的。

关于对生产性服务贸易的模型研究上，引力模型在生产性服务贸易中的应用非常有限。Jones & Kierzkowski 提出"JK 模型"，由于有三个强假设,因此在解释现实问题时显得有点薄弱。Markusen(1989),Joseph F. Francois(1993),王荣艳、齐俊妍(2009)等试图通过生产函数、回归模型等方法来构建生产性服务贸易模型,并通过美国,OECD,东亚等国数据进行验证,对研究生产性服务贸易作出了贡献。但当前就结合中国的生产性服务贸易模式的研究还是一片空白。因此构建符合中国现实情况的生产性服务贸易模式十分必要。

2.3 生产性服务贸易与全球价值链升级的相关研究

全球价值链理论在20世纪80年代世界价值创造体系垂直分离和重构的基础上,由国际商务研究者提出和发展起来的价值链理论。该理论融合了微观和宏观两个层面来重新全面系统地审视全球化背景下经济组织和发展的一个新兴的理论。

2.3.1 全球价值链的概念

波特(1985)最早提出了价值链这个概念,波特指出企业价值的创造过程主要包括了一些基本社会经济活动(生产、销售、运输仓储、售后服务和回收等)和相关的支持性的社会经济活动(人力资源管理、原材料采购、法律会计和技术支撑等)两部分构成,这些经济活动在创造公司价值过程中是相互依赖相互联系的,因此构成创造公司价值的行为链条,这一链条就被称之为价值链。

Kogut(1985)指出,价值链一般是把技术研发和原材料、劳动力以及资本等融合在一起形成的各种投入价值的过程,接着通过组合这些生产投入环节产生了最终的商品,最后进入消费、市场交易等最终环节来完成价值循环的整个过程。Gereffi(1999)在价值链等相关理论的基础上拓展了一种崭新的理论体系即全球商品链理论。他指出不少价值链都是由一个或者几个支配者进行协调分配,一般占据价值链的重要战略环节,从而决定整个价值链的一些基本特征。Kaplinsky,Morris(2000)指出价值链是指把一项产品或服务由提出概念,进行设计,经过不同阶段程序的加工,形成制成品后送到消费者手中,直到消费者使用完毕后的最终处置的全部过程(图 2-4)。生产环节仅仅是所有价值增值环节中的某一环,每一个环节中又包括一系列的经济活动,譬如,生产环节仅包括原材料的加工、产品包装以及内部成本控制等经济活动。价值链常常被看做是价值从上游到下游单向依次的递增过程,其实,价值链内的各个环节间是一种双向互动的关系。

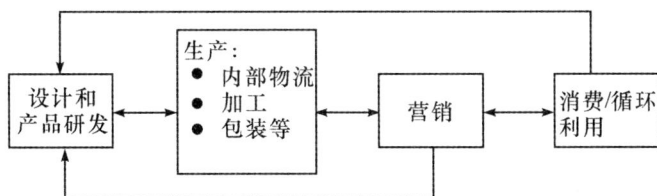

图 2-4 简单价值链的四个环节

资料来源:转引刘曙光、杨华:《关于全球价值链与区域产业升级的研究综述》,《中国海洋大学学报》2004 年第 5 期。

全球价值链是在价值链的理论基础上发展起来的。联合国工业发展组织(UNIDO)在《2000—2003 年度工业发展报告——通过创新和学习来参与竞争》中提出,全球价值链指的是在全球市场范围内为了实现商品或服务的价值而连结的生产、市场销售、售后服务、回收等一系列环节的全球性的跨国企业组织,包括了从原材料的采购、运输,半成品和成品的研发、生产和营销,直到最终消费品和回收品处理并进行售后服务的全部过程。它包含了所有和生产销售售后回收等经济活动的组织及其相关的价值、利润的分配有关的过程。现实社会中,分布在全球的市场中或位于全球价值链上的企业从事着从设计、产品开发研究、生产制造、市场营销、广告策划、出售、售后服务、最后循环利用等各种各样的增值活动。全球价值链是从全球的角度,把产品的产业链和价值链从一个国家的内部延伸到了国外。

2.3.2 全球价值链的理论

波特(1985)在研究竞争优势、公司行为的时候,提出一个公司的价值创造过程主要由五项基本活动和四项支持性活动两部分完成,这些相互联系的价值创造过程就构成了企业价值链。该价值链不仅存在于各公司内部,还包括各公司相关的经济活动中。Kogut(1985)指出,国际商业战略的表现形式本质上来说是一个国家的比较优势和一些相关企业的相互竞争作用的最后结果。当一个国家的比较优势决定了整条价值链上各个环节在各个国家或地区之间如何进行空间安置时,企业的竞争能力取决了这个企业应该在价值链条上的哪一个环节和哪一个技术层面上倾其所有,以保持他们的竞争优势。Kaplinsky,Morris(2000)对波特的价值链模型进行了拓展,他将公司间的联系加入考虑范围,即产业间价值链和产业内价值链。克鲁格曼进一步对企业内部各个价值环节在不同地理空间进行配置的相关问题进行了分析,从而促使产业空间转移和价值链中研究的治理模式之间的关系已经发展成为全球价值链理论的一个很重要的领域。"外包化生产"、"价值链切片"、"垂直专业化"、"产品内分工"等概念纷纷涌现,对全球化生产过程中的分割现象进行了刻画。

美国的社会学教授 Geferri(1999)在以上基础上提出了全球商品链的内涵,其内涵是指全球不同的企业在由产品的设计、生产和营销等经济行为组成的价值链中展开合作。这些经济行为分散在不同地方不同企业,最终产品的生产分布在不同企业的各种中间行为。依照主导者的不同,把全球商品链划分为"生产者驱动"和"采购者驱动"两种驱动模式,生产者驱动由生产者发起投资从而推动整个市场的需求,以此形成了全球产业链的垂直分工体系。采购者驱动是经济个体利用明显的品牌优势与较完善的销售渠道,并通过全球市场的采购和 OEM 等形式进行组织的跨国性商品流通网络系统,由此产生了巨大的市场需求,从而推动了那些借助出口导向战略来发展的地区或国家的工业化进程。图 2-5 表明了全球价值链的两种运行模式。表 2-6 显示了生产者和采购者驱动的全球价值链比较结果。

生产者驱动价值链

采购者驱动的价值链

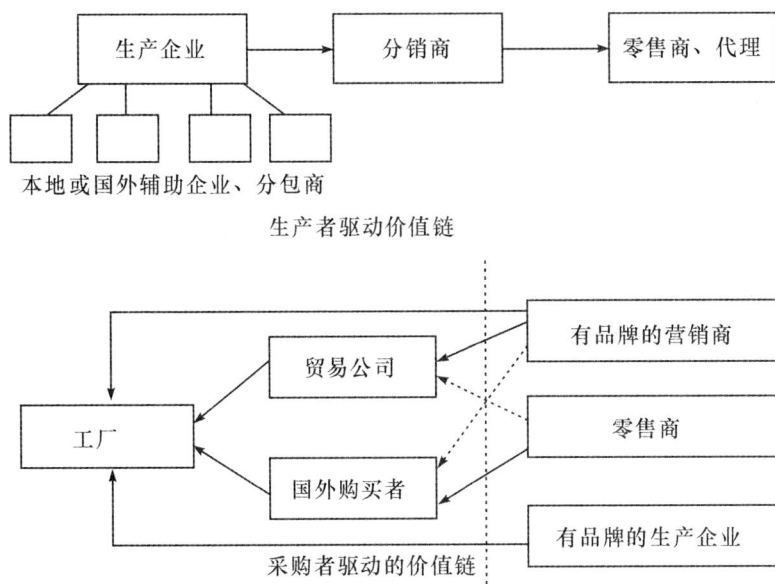

图 2-5　全球价值链运行的两种模式

资料来源:方宏:《全球价值链理论研究综述》,《科技情报开发与经济》2006 年第 23 期。

表 2-6　生产者和采购者驱动的全球价值链比较结果

项目内容	生产者驱动的价值链	采购者驱动的价值链
动力根源	产业资本	商业资本
进入障碍	规模经济	范围经济
核心能力	研究与发展、生产能力	设计、市场营销
制造企业的业主	跨国企业,主要位于发达国家	地方企业,主要在发展中国家
主要产业联系	以投资为主线	以贸易为主线
主导产业结构	垂直一体化	水平一体化
产业分类	耐用消费品、中间商品、资本商品等	非耐用消费者
辅助支撑体系	重硬环境轻软环境	重软环境轻硬环境
典型产业部门	汽车、计算机、航天器等	服装、鞋、玩具等
典型案例	Intel、波音、丰田、海尔、格兰仕等	沃尔玛、国美、耐克、戴尔、锐步等

资料:转引自张辉:《全球价值链理论与我国产业发展研究》,《中国工业经济》2004 年第 5 期。

Gereffi 就全球商品链所进行的研究分析,特别是两种类型价值链的划分的提出具有非常重要的意义,为后来相继的全球价值链研究,包括其治理机构、运行机制、发展中国家的升级对策等奠定了坚实的基础。

2.3.3 提升全球价值链的相关研究

关于发展中国家企业是否能攀升全球价值链高端位置的问题有三种代表性的观点。

一种以 Gereffi(1999)为代表,他以东亚发展中国家的服装产业为例,指出发展中国家加入了由发达国家主导的全球价值链的分工体系,可以自动快速实现本国企业的价值链升级。因为,通过对全球价值链上发达国家企业的技术、管理能力等方面的学习,发展中国家可以沿着进口零配件进行组装到贴牌自主生产再到设计自己的产品,最后在全球或者本国销售自主品牌的产品的路径,实现价值链的升级。

另一种以 Humphrey,Schmitz(2004)为代表,他们指出,在全球价值链的低端环节很难向高端攀升,更不存在升级过程中自动快速的实现机制。Gramer(1999)提出由于发展中国家局限于自身的资源、劳动力等比较优势,处于全球价值链低端的初级产品生产阶段,这种形式由发达国家跨国公司的结构、制度等方面掌控,发展中国家的企业长期限制在发展的低端模式上,并在利益方面受到剥削。Lall et al.(2005)的研究显示,南亚地区的巴基斯坦、斯里兰卡、孟加拉等国因为过度依赖纺织品的出口,停留在全球价值链中的低端环节,相比东亚、拉丁美洲等地的发展中国家,其在国际分工中的地位出现很大幅度的下滑。

还有一种以刘志彪(2008)为代表,他坚持动态分析的方法,认为增加对现有制造业的生产性服务的投入,即利用技术、知识和人力资本等这些高级要素的投入改变发展中国家的企业在全球价值链低端发展的路径依赖,才能获得产业升级和竞争优势。唐海燕、张会清(2009)指出,参与全球价值链的分工并不意味着所处的价值链环节和分工地位必然提升,价值链的提升是一项很复杂的系统工程,需要诸如人力资源积累、服务质量改善、制度环境配合等方面的支持,而发展中国家侧重营造低工资、低税率的区位环境,承接附加值低的外包业务,忽略了基础条件的培育,难以承接高技术含量、高附加值的国际外包业务,这样不仅无助于提升价值链的目标,反而会被锁定在全球价值链低端环节。

2.3.4 生产性服务贸易与全球价值链提升的相关研究

Feenstra(1998)把"生产的垂直分离"和"贸易一体化"在全球经济中有机地结合在一起,提出随着贸易的飞速增长,全球经济一体化的进程不断加快,为了获取更多的利润,发达国家把一些非核心的服务和生产等经济业务外包出去并进行全球市场的采购。

Jones & Kierzkowski(1990)在全球产业链的背景下,搭建了分析连接全球生产区段(production blocks)的中间服务投入的框架。文中指出:一系列由金融服务、运输服务、信息服务等服务组成的生产性服务纽带,为分散到不同国家的生产区段进行合作联结时,他们的需求明显上升,从而产生外溢作用促进生产性服务贸易快速发展。

图 2-6 描述了生产的分散化过程。a 表示单一的生产区段模型:在早期的生产阶段中,中间投入的服务主要通过配送与营销来联结和协调生产企业与消费者之间的关系。b 出现了两个生产区段,需要服务来协调联结以保证这两个区段在时间、尺寸和质量上同步。c 表示这样一个生产过程,生产由多个区块构成,并且前一个生产区块的产出是后一个生产区块的投入。d 显示了一种新的组合:两个生产区块同时生产作为投入在最后阶段组装制造。

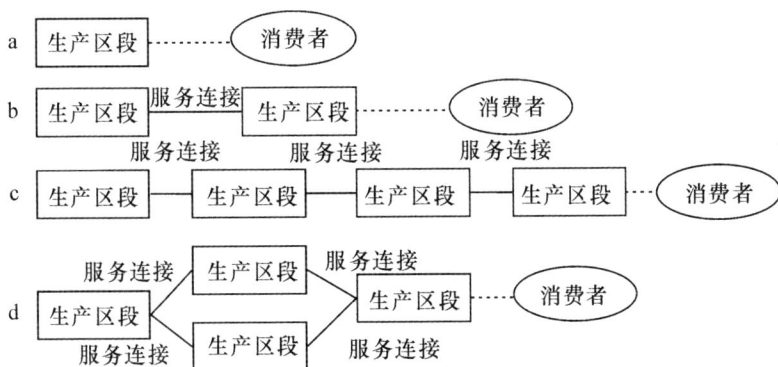

图 2-6 生产过程

来源:Ronald W. Jones,Henryk Kierzkowski. The Role of Services in Production and International Trade:A Theoretical Framework. The Political Economy of International Trade,Basil Blackwell Inc. 1990,pp. 33。

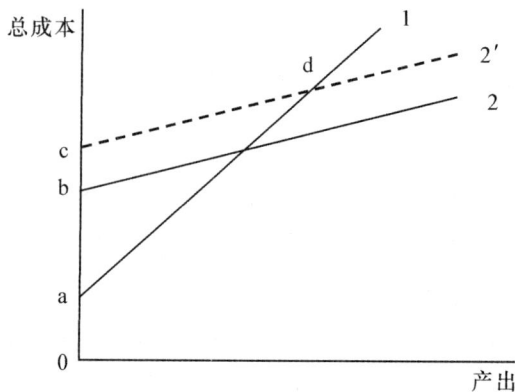

图 2-7　总成本和产出

来源：Ronald W. Jones, Henryk Kierzkowski. The Role of Services in Production and International Trade：A Theoretical Framework. The Political Economy of International Trade,Basil Blackwell Inc. 1990,pp. 33。

图 2-7 描述了随着生产过程逐渐分散化,生产成本发生的变化。a 的生产模型由线 1 表示,线 1 表示随着产出规模的扩大总成本的增加,截距 0a 表示生产区块进行生产时发生的固定成本,线 1 的斜率表示生产过程中的边际成本。当 a 模型发展到 b 模型时,固定成本增加,由 0a 增加到 0b,边际成本下降,如线 2 所示。当 b 模型发展到 c 模型时,固定成本由 0b 增加到 0c,边际成本不变,如线 2′所示,如果联结的服务成本由生产水平决定,线 2′的斜率比线 2 更陡。

图 2-8 表明了随生产区域分散化的发展,产量的逐渐增加,总成本也逐渐增加,而平均成本不断下降。

生产区段的国际化与服务链国际化投入带来的总成本和产出的变化如图 2-9 所示。线 H 表示两个生产区段都在国内时的固定成本和变动成本,线 H′表示在线 H 的基础上增加了服务联结的投入成本。线 M 表示一个生产区段在国内,另一个生产区段在国外时的固定成本和变动成本,其中假设在国外的生产区段的边际成本比国内生产区段的要低。线 M 发生的固定成本与线 H 相同,皆为 0a。线 M′表示在 M 的基础上增加了联结国内和国外生产区段的服务成本,为 ac,且大于联结国内两个生产区段的服务成本 ab。那么生产区段国际化的过程就可以 beM′来表示。当产出小于 H 时,企业采取国内生产的方式,当产出大于 H 时,企业可以采取国内和国外两个生产区段分散化的方式。

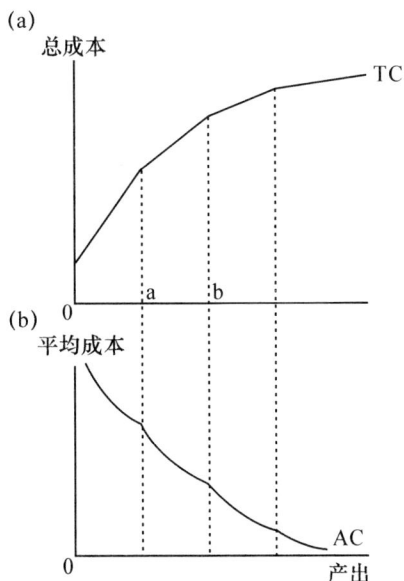

图 2-8　分散化趋势下总成本和平均成本　　　图 2-9　服务链国际化的效用

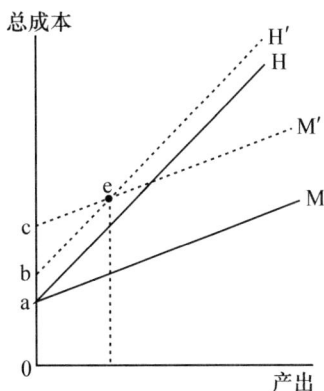

　　Jones & Kierzkowski(2000)认为,专业化的更高程度就是片段化生产(fragmentation),片段化生产是李嘉图比较优势理论更大范围的应用,而将全球片段化生产连接成全球生产体系的是各种各样的服务,比如运输、通讯。当生产分割成多个片段或区块时,服务能够将这些区块连接起来并产生更高效率的产出。他们提出两个假设:第一,单纯的国内服务业的成本要比连接多个国家生产的服务成本低,连接生产的服务仅涉及不变的固定成本,不考虑可变成本;第二,服务的生产呈现出很强的规模报酬递增效应。

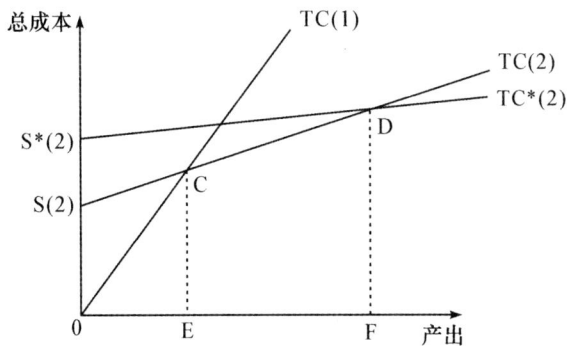

图 2-10　整合国内外区域的总成本

图 2-10 中 TC(1)表示一个简单生产区域的总成本;TC(2)表示整合国内两个生产区域的总成本,截距 S(2)表示整合这两个区域发生的固定的服务成本;TC*(2)表示整合一个国内生产区域和一个国外生产区域发生的总成本。从该模型的假设可知整合一个国内生产区域和一个国外生产区域所发生的固定的服务成本 S*(2)要高于整合国内两个区域的成本 S(2),即 S*(2)> S(2)。该国根据比较优势理论和要素禀赋理论来分配本国资源。刚开始生产的时候,利用一个生产区域进行生产是最有效的,即沿着 TC(1)成本线进行生产;当产出达到 0E 时,生产的进一步扩张促使片段化生产的发生,国内出现两个生产区域,成本线从 TC(1)转向 TC(2),直到产出达到 0F,其中一个生产区域转移到国外,虽然TC*(2)发生的固定成本 S*(2)比较高,但边际成本相对其他两种情况要低得多,是一种更有效率的生产方式。

薛求知、郑琴琴(2003)根据专业服务跨国公司的特殊性质,分析了其价值链特征、增值过程等问题,并对实现其价值链的价值增值进行了研究。郑吉昌和夏晴(2005)利用价值链模型,把企业的生产活动分为上中下游三个环节。产品开发、采购管理等为上游环节;生产加工为中游环节;产品运输、市场营销和售后服务为下游环节。在这三个环节中,上游、下游这两个环节集中的基本上都属于生产性服务。廉军伟、曾刚(2006)指出,在全球价值链的构筑当中,物流业能嵌入价值链不同环节,提供便捷服务,满足企业发展需求。而上海物流业能通过不断融入全球价值链,捕捉和发现有用信息,逐渐向物流链的高端演进,从而提升上海物流业的能级。丁梅生、吕伟伟(2006)提出,在国际贸易中,产品从出口产商到国外最终消费者手中经过多个环节,每经历一个环节,产品就被添加一些服务性的生产活动,也就是发生一次增值。这一系列的增值过程构成了完整的一条国际贸易价值链。国际贸易价值链是全球价值链的下游环节,包括运输、保险、结算、仓储、广告、售后服务等环节追加的服务价值构成。在国际贸易价值链中,最大的增值部分是推销、批发与零售服务、广告、商标、样式设计等与信息相关的工作而产生的。高峰(2007)提出,生产性服务是制造业产业集群嵌入全球价值链的关键。并指出发展中国家通过制造业与服务业的互动发展,适应国际产业转移趋势,融入全球价值链实现产业升级。

20 世纪 90 年代末产业集群、产业升级等问题才被真正引入全球价值链分析的框架中,从以上文献可以看出将生产性服务业和全球价值链结合起来的研究还相对较少。

2.3.5　简要评述

全球价值链理论在 1985 年由波特提出,经过 Kogut,Kaplinsky,Morris,Gereffi,Kumphrey,Schmitz 等人的不断完善。全球价值链指的是在全球市场范围内为了实现服务或商品的市场价值而进行联结生产、销售、售后、回收处理等经济活动的全球性跨国企业的网络组织,包括了原材料的采购、运输仓储,半成品和成品的研发、生产和营销,直到最终消费和回收处理、售后的整个过程。它包括了所有关于研发生产销售售后回收等经济活动的组织及其相关价值、利润的分配有关的经济活动。Geferri 依照主导者的不同,把全球价值链分为"采购者驱动"和"生产者驱动"两种驱动模式。Geferri,Humphrey & Sturgeon 总结了五种全球价值链的治理模式,其分别是科层制、关系型、领导型、模块型和市场型。Kumphrey,Schmitz 提出了嵌入全球价值链的地方产业进行网络升级的四种类型,即工艺流程升级、产品升级、产业功能升级和链条升级。这些文献对全球价值链一些基本概念、分类等基本问题的研究已经达成共识,但对治理模式等问题的理论研究尚未成熟,对案例的研究绝大部分集中在消费品领域,基本没有涉及服务贸易领域。

对于发展中国家融入全球价值链能否提高本国在全球价值链位置的问题有三种代表性观点。一种认为发展中国家加入了由发达国家主导的全球价值链的分工体系,可以自动快速实现本国企业的价值链升级;另一种指出,发展中国家在全球价值链的低端环节很难向高端攀升,更不存在升级过程中的自动快速的实现机制;还有一种认为增加对现有制造业的生产性服务的投入,才能改变发展中国家的企业在全球价值链低端发展的路径依赖,才能获得产业升级和竞争优势。

而当前对全球价值链下的生产性服务贸易研究仅限于两者的关系作用,没有系统的框架思路,更没有专门的论述研究。生产性服务贸易紧紧围绕全球价值链的每一个环节提供中间服务,对价值链的价值进行增值投入。生产性服务贸易与全球价值链紧密地结合在一起。随着全球价值链的延伸与发展,对生产性服务贸易的研究也是必然趋势。

2.4　生产性服务贸易的其他视角研究

2.4.1　国际分工与生产性服务贸易

国际分工理论首先要追溯到亚当·斯密(Adam Smith,1776)。亚当·斯密强调人类经济发展的根源在于分工与交易的扩展。20世纪中叶,阿林·杨格(Allyn A. Young)对斯密定理进行了扩展,指出报酬递增的本质是市场规模的扩大带来的专业化分工水平的加深,这种分工加深导致市场规模进一步扩大,从而形成了一个分工深化和贸易增长互为因果的演进过程。这一论述后来被称为"杨格定理"。杨格特别强调了迂回生产(roundabout product)在实现的报酬递增中的重要积极作用。迂回生产是针对于直接生产而言的,中间产品的种类数构成了迂回生产的链条长度,这被称作生产的迂回度。种类数越多,每一种产品的迂回生产的经济效果也就越显著,生产其最终产品的效率就越高。在内生增长理论背景下,对于分工的概念及其与增长的关系,经济学家的研究是沿着两条思路进行的:第一条思路是基于分工的生产迂回程度的加深,这是从厂商进行最优决策的角度来展开研究。罗默(Romer,1987)以中间产品的品种数作为生产的迂回程度,并假定中间产品的非完全替代性与非完全互补性,得出了一个生产迂回程度的一般均衡解。但其分析过程中只有生产而没有交易,没有讨论因生产迂回程度增加而带来的交易成本增加问题,忽略了分工的生成与演进过程,无法解释产业转换的问题。第二条思路是基于分工是经济中的个体的最优选择的结果,体现为个体的专业化水平,将分工与交易成本联系起来,用交易成本来解释分工的演进。以杨小凯(2002)为代表的分工驱动经济增长思想,由于引入角点解而将分工与增长模型化,逐步得到了主流经济学家的认可。在杨小凯的模型里,生产迂回程度的增加是经济增长的最重要源泉。生产迂回程度是社会分工的表现。生产迂回程度的增加,必然使社会交易次数呈指数关系增加。它们模型的实质在于,考虑了分工是处于一个社会网络中,因此,分工的深化是(中间产品及最终产品)交易效率提高、交易成本降低的结果。因此,在分工演进过程中,整个经济必须考虑分工带来的效率增加与分工带来的协调费用等交易费用的增加之间的折中。而与交易相关的生产性服务业,如会计、金融、法律、交通等行业的快速兴起,将极大提高交易效率,促使实体生产外部化的大量出现,促进了经济的增长。这样的结果,导致了经济系统分工网络的一个现象,也就是单位交易效率的提高、交易费用的下降与网络整体的总交易费用上涨是同时存在。这是因为,交易效率的提高表现在专业化生产的个体与个体之间单位交易费用的不断地下降,单位交易费用的下降会加快分工的深化,使一些原本不能实现专业化的新的分工领域出现,促使交易行为呈指数飞速上升。即在分工网络上,因为单位交易费用的下降,网络中原来有的点与点之间的连线变得更粗,这是因为交易量扩大了;另一方面又不断会有新的节点出现,这些节点的出现促使分工网络规模得以不断扩大,所以在单位交易费用不断下降的同时总的交易次数存在呈指数飞速上升,从而致使交易费用的总量不断上升。此外,网络规模的扩展和其复杂化可能促使其中的内生交易费用快速上升。

正是将交易成本纳入到国际分工演进中,经济学家对国际分工与生产性服务贸易的研究得到了深入的发展。Markusen(1989)指出,从促进专业化分工的角度,中间零部件产品和生产性服务贸易的意义超过了最终产品的贸易。Francois(1990)分析了专业的生产性服务对劳动分工水平的影响,提出生产性服务是当今世界经济活动相互依赖相互联系的纽带,而生产性服务的投入成本是专业化水平的决定因素。Deardorff(2001)指出,服务贸易自由化降低了生产性服务的成本,使分工更加便利,从而刺激了商品贸易。生产性服务贸易的发展同时促进了产品与服务国际分工的深化。Jones & Kierzkowski(1990,2005)的"JK模型"认为,第一,国际分工的深化需要生产性服务来进行连接,生产性服务的投入会随着国际分工的加深而增长;第二,生产性服务成本的水平会决定分散化生产的总成本水平,生产性服务的成本会制约着国际分工的水平;第三,由于生产性服务具有报酬递增的性质,为降低成本,企业倾向于外部采购的生产性服务,从而导致生产性服务贸易的增长;第四,生产性服务贸易的国际采购,可以使生产企业获得更低成本的服务链,所以技术进步和贸易自由化在加速国际分工的同时也导致了生产性服务贸易的增长。

国内学者郑春霞、陈漓高(2007)指出,在新型的国际分工格局下,生产性服务的作用越来越重要,它不仅是新知识新技术投入到生产过程的载体,而且连接着生产过程的各个阶段,是生产体系不可缺少的黏合剂,决定着一个社会的专业化分工水平,因此被认为是最具有经济增长动力的性质。

从上文来看,尽管不同的学者在分析国际分工与生产性服务贸易时运用的方法不同,但是他们的研究具有以下共同点:首先,他们都继承了亚当·斯密,杨格的分工理论,强调劳动分工的加深可以降低生产成本,提高生产效率,刺激生产的扩张和贸易的增长,进而又会导致更深的分工,从而国际分工的发展是世界经济发展的规律之一;其次,生产性服务将分散的生产过程连接在一起,使国际分工得以实现;同时生产性服务具有报酬递增的性质,即供给数量越大平均成本越小。

2.4.2 垂直专业化分工与生产性服务贸易

早在20世纪60年代,Balassa首先提出了"垂直专业化"的概念。一种商品的生产过程延伸到多个连续的生产阶段,每一个国家只在某一或者某几个阶段进行专业化生产,这种现象被称之为"垂直专业化"(Vertical Specialization)(Hummels et al. ,2001)。洪联英、刘解龙(2009)补充指出,垂直专业化的核心是国家日益与中间产品的生产与贸易链联结在一起,而垂直分离要发生的需满足以下三个条件:第一,一种商品在两个或两个以上的阶段生产;第二,两个或两个以上的国家在商品生产过程中提供了价值增值;第三,至少有一个国家在生产加工阶段必须使用进口投入品,而且其产出中至少有一部分必须用于出口。庄惠明等(2007)指出国际垂直化为不少于一个国家在其生产运作过程中使用进口投入品且把一部分的最终产品对外出口。Grossman & Helpman(2004),Feenstra & Hanson(1997),Campa & Goldberg(1997),Yeats(2001),北京大学中国经济研究中心课题组(2006),张晓蒂、孙景蔚(2006),黄先海、韦畅(2007),盛斌、马涛(2008)对国际垂直专业化分工与贸易的动因、度量、经济效应等问题展开研究。

Grossman & Helpman(2004),Feenstra & Hanson(1997),Campa & Goldberg(1997),Yeats(2001)等都认为,垂直专业化之所以会发生,就在于它背后快速增长的中间投入品、零部件和专业化生产服务。Ishii & Kei Mu(1997)、Hummels 等(2001)试图从生产的垂直专业化角度解释国际贸易快速增长的原因,他们认为各国越来越专业分工生产中间投入品,在进行国际交换的过程中,产生大量中间产品贸易,于是产业内贸易快速增长。Gao(1999)将跨国公司垂直生产引入新经济地理学,指出垂直跨国生产将在发达和发展中国家间展开,可以提高发展中国家福利和工业化水平。

张为付(2006)认为,生产性服务业是国际垂直化分工的产物,同时也是促使专业化分工进一步深化的因素之一。在以跨国公司为主要组织者的全球产业分工中,垂直专业化分工正普遍展开,而保障垂直专业化分工有序运营的正是生产性服务业的发展。因为跨国公司的经营目标决定了其需要在全球范围内整合与利用优势,为其生产经营服务,从而降低生产成本,增强产品的竞争能力。而跨国公司对全球资源进行整合的基本方法就是依靠自身的资本与技术优势去支配其他国家的自然资源、人力资源和市场资源优势,其主要手段是不断进行对外直接投资和产业或产业链的外包转移。这必然会促使生产性服务贸易的发展。

从上述研究可以看出,由于各国越来越专业地分工生产中间投入品和专业化生产服务,在进行国际交换的过程中,产生大量中间产品贸易,既包括货物贸易又包括生产性服务贸易,于是促进了垂直化专业分工,且加剧了产业内贸易快速增长。

当前研究垂直化分工现象中的零部件、中间制造投入品的研究较多,对生产性专业服务投入的文献还比较少。在国际垂直化分工中,生产性服务业既是国家垂直化分工的产物,又是促进垂直化分工的动力之一。

2.4.3 产品内分工与生产性服务贸易

产品内分工指产品生产过程包含的不同工序或区段,在空间上分散化地展开到不同国家和经济体进行。它是一种以工序和区段作为基本对象的国际生产分工形态,表现为特定产品的跨国性生产链条或体系;

产品内分工发展意味着越来越多位于不同国家的厂商，共同参与特定产品不同生产环节或区段的产出供应活动。它是国际分工超越产业间分工与产业内分工而深入发展到产品生产过程之中的结果，是新型的国际分工形式。产品内分工的主要表现是经济发达国家把其产品价值链上的各个加工生产环节转移到劳动力比较低廉的发展中国家中。随着科学技术的不断进步，模块化定制的生产方式应运而生，并且通信和运输成本以及跨区域生产的协调组织的成本大幅度下降，导致以利润最大化为目标的经济发达国家的企业陆续将其劳动密集且附加值低的生产环节转移到发展中国家，跨越国界的中间投入品贸易与产品内分工由此有了显著的增长。而这种产品内分工与贸易为经济发达国家的企业带来了更多利润的同时，也对其国内的生产与进出口贸易模式、要素价格与国家福利、就业与产量、产业升级与贸易进出口发展战略等产生了不同于最终产品贸易的重大打击。因此，产品内分工和贸易吸引了国内外贸易理论界的极大关注，成为继新贸易理论(new trade theory)、利益集团与贸易政策(interest groups and trade policy)、贸易与经济增长(trade and economic growth)之后国际经济学崭新的前沿研究领域之一。产品内分工理论成熟于 20 世纪 90 年代末，主要在传统的国际贸易理论框架下进行的。

Jones & Kierzkowiski(1990)把生产过程分离开来并散布到不同空间区位的分工形态称之为"零散化生产"(fragmented production)，该研究指出服务活动对于展开产品内分工是十分重要的，并且比较优势和规模报酬递增是推进生产过程分散化进程的重要因素。Dennis 等人(1999)提出，两个导致生产要素差异的因素：外包化或产品内分工导致服务业内部生产率的异化和服务业企业自身也对部分业务进行外包化。他们认为，源于外包的需求冲击会导致短期内服务业生产率的下降，但在长期内，由于竞争产生的调整，需求将趋附于稳定，生产率增长加快。外包或产品内分工对一国制造业生产率的影响要比对服务业生产率的影响要大。胡国恒(2006)构建了一个基于产品内分工的中心——外围的模型，分析了跨国生产空间组织与网络控制结构的决定机制。他分析到产品内的国际分工致使企业生产制造业务与总部服务活动的分离，产生了不同类型的跨国生产网络。在不完全的契约下，生产网络的掌控方式决定于本地企业与跨国公司的相对技术水平。卢峰(2007)在专著《服务外包的经济学分析:产品内分工视角》利用微观经济学中的产品内分工理论视角考察当代服务外包经验的表现和发生机制。他认为,当代服务外包快速发展说明产品内分工原理正在超越制造业范围,对服务业生产方式进行改造。国际服务外包可以看作是从产品内分工视角观察的以服务工序流程为交易对象发生的特殊国际服务贸易。

产品内分工是新型的国际分工形式,指的是产品内部诸环节和区段分工的特定形态,而不是产品之间分工方式的改变。因此产品内分工强调的是企业在保留特定产品或生产供应的前提下,对生产过程涉及某些环节区段的中间性投入的生产或服务,进行国际分工。因此在产品内分工视角下研究的生产性服务贸易突出的是为某特定产品或产业链服务的中间投入活动。这方面的研究可以卢峰(2007)从产品内分工视角对服务外包经济学分析为代表。

2.4.4 简要评述

国际价值链、国际分工、垂直专业化分工、产品内分工这些术语都是从不同角度对生产工序或流程跨越国境的现象或者产品生产过程分解到不同国家或地区进行的现象的概括。这些术语既有联系又有区别。

产品内分工是把国际分工基础从行业和产品层次推进到工序和区段层次,极大地拓展了国际分工交换的空间。从劳动分工形态演变大致的历史看,过去几十年国际分工发展的显著特征,在于分工基本层面从行业间、产品间深入到产品内部不同工序、区段、环节和流程。产品内分工是国际分工的进一步深化,是同一产品的不同生产环节之间的国际分工,既可在跨国公司内部实现,又可以通过市场在不同国家间的不同企业通过外包实现,是新型的国际分工形式。简而概之,产品内分工是国际分工的其中一种表现形式。垂直专业化分工、产品内分工也是国际分工的一种表现形式,而全球价值链则是从国际分工的价值形态来分析的。

产品内分工与垂直化国际分工是一种包含关系。产品内分工除了垂直化分工以外,还包括横向专业化分工。垂直专业化是产品内的一种分工。国际垂直化分工使每个国家只在商品生产的特定阶段进行专业化生产,其实质是生产布局的区位选择。产品内分工将原先在某点某国进行的生产过程展开为全球生产网络或供应链,使生产过程实现的价值创造展开为全球价值链。产品内分工强调的是这种分工在世界范围内展开后对各国要素的影响。而全球价值链包括的是从产品生产到产品实现和产品消耗殆尽的全部过程,反映为一种产品的生命周期。价值链概念是以分析生产专业化的科学工具出现的,它涉及某国或者说某一经济区位的要素结构、技术水平以及区位之间交易的交易费用等问题,从而分析以上经济变量对各地区的贸易所得和贸易地位的影响,最后影响国际分工格局。全球价值链的研究更关注全球各国之间产业链的联结问题,通过价值的变化反映利润与成本的变化。

因此本书认为从全球价值链角度出发研究生产性服务活动,更能体现生产性服务中间投入的作用与意义。

2.5   本书的研究方向

生产性服务业紧紧围绕全球价值链的每一个环节为其提供中间服务,既在企业上游提供研发、设计等服务,又在中下游进行营销、运输、售后服务等配套。此时的生产性服务业已经追随全球价值链跨越国界,分布在全球,成为了生产性服务贸易。本书认为生产性服务贸易指的是那些跨越国境满足全球价值链的中间需求而且为进一步的社会物质生产提供各种非物质形态的服务性活动。在价值形态上生产性服务贸易表现为全球价值链的各个中间环节中对价值链的价值进行增值的服务性的跨国界的投入。因为全球价值链既包括生产环节又包括服务活动,所以价值链的增值既是生产环节的增值又是服务活动本身创造的增值。全球价值链是对生产经营各个工序或流程跨越国境的产业链进行价值增值的研究。以全球价值链为视角对分布在各个国家的全球产业链中的中间投入——生产性服务业进行研究,这是一个崭新的角度。

生产性服务业贸易(Trade in Producer Services)最早是 James R. Markusen1986 年在论文《Trade in Producer Services and in Other Specialized Intermediate Inputs》提 出 的,其 后 Melvin(1989),Markusen

（1989），Joseph F. Francois（1990，1993），Jones & Kierzkowski（1990，2005），Landesmann & Petit（1995），Kimura & Lee（2004）等经济学家对生产性服务贸易的相关问题进行了研究。在认识到生产性服务贸易成为服务贸易的重要内容和发展趋势之后，国内学者陈广汉、曾奕（2005），曾奕、李军（2006），蔡玉贞（2007），汪素芹、胡玲玲（2007），郑春霞、陈漓高（2007），王荣艳、齐俊妍（2009）等纷纷展开研究。从当前文献综述可以看出，对生产性服务贸易的研究远远比生产性服务业的研究薄弱得多，而且关于生产性服务贸易与价值提升的相关问题未深入系统地涉及。通过对相关文献的梳理以及对产品生产过程分解到不同国家或地区进行的现象的关注，本书提出全球价值链与生产性服务贸易相互关系的研究方向。

第一，系统深入地构建生产性服务贸易与价值链提升的理论模型。目前有部分理论关注到了生产性服务业对价值链提升的作用，也从一定角度做出了一些理论解释，但如何将生产性服务业与全球价值链融入古典贸易理论的分析框架，还鲜有涉及。近年来，中国制造业在国际产业分工链中处于较低的附加值环节，其技术经济特征就是对资源高强度消耗和高密集度使用，因此给资源、环境造成很大的压力。如不尽快实现价值链的升级，一旦丧失了资源和劳动的比较优势，中国制造业竞争力将飞速下降。中国制造业在攀升全球价值链时面临的困境有很多原因，但最重要的是没有利用生产性服务业这些"高级要素"投入来提升价值链。因此研究生产性服务贸易如何促使中国的制造业所处的全球价值链地位的提升是一个迫在眉睫的课题。构建理论模型就是解决这个问题的基础。

第二，具体分析生产性服务贸易提升发展中国家在全球价值链位置的内在机理。从现有的文献来看，已经有学者意识到生产性服务业及其集聚是攀升全球价值链的关键要素与实现机制，但生产性服务业涵盖内容繁杂，如何剥离具体因素、如何作用等等这些问题还处于起步阶段。因此剥离出生产性服务业中具体影响发展中国家提升其在全球价值链位置的因素，深入分析这些因素的作用机理，是本书研究的核心内容。

第三，基于中国现实的研究。虽然中国发展生产性服务贸易的起点低，融入全球价值链的时间不长，但近年来的发展势头迅猛。此外，根据国际经验,生产性服务贸易是世界贸易和经济发展的重要支柱。因此在相关理论的指导下,研究中国生产性服务贸易的发展潜力以及融入全球价值链的路径,能对中国的企业"走出去"起到指导作用,也能为中国政府制定相关政策提供参考。

3 生产性服务贸易发展与价值链 提升的理论模型

参考 Long et al. (2001) 和 Sim(2004)关于一个较发达国家和一个欠发达国家生产共享框架。本章构建了一个开放经济体中全球价值链下的生产性服务贸易与价值链提升的理论模型。该模型假设两个国家(发达国家,发展中国家),两个部门(制造部门,服务部门),两种商品(香蕉、汽车),三种要素(熟练劳动力、非熟练劳动力、服务)。其中服务行业是垄断竞争行业,商品香蕉的生产是传统货物生产,仅是劳动力的投入,不存在全球分散化生产;商品汽车的生产是零件的组装,存在于全球分散的多个国家生产,生产中包含诸如物流这些专业服务分布在汽车全球化生产中,在价值链上端的生产阶段假设有更多的技术需求和更多的服务投入。一般发达国家主要生产上游的部件,而发展中国家生产下游的部件。

3.1 封闭经济中的基本假定和生产模式

3.1.1 服务部门

$$s = [m_1^a + m_2^a + \cdots + m_n^a]^{1/a} \quad 0 < a < 1 \tag{3.1}$$

s 表示服务包产出的数量(service bundles),m_i 表示专业服务 i 的数量,作为 s 的投入。比如假设 $a = 1/2$,$n = 2$,利用 4 单位的专业服务 m_1 和 0 单位的专业服务 m_2,将会有 4 单位的服务产出。

$$P_s = \min \sum_{i=1}^{n} p_i m_i \tag{3.2}$$

p_i 为单位专业服务 m_i 的价格,P_s 表示为 1 单位服务包产出的最小成本。

其中 $\left[\sum_i m_i^a\right]^{1/a} = 1$

则

$$p_s = \left[\sum_{i=1}^n p_i^{a/(a-1)}\right]^{(a-1)/a} \tag{3.3}$$

根据谢泼德引理(Shephard's lemma),在给定一单位服务产出的条件下生产要素的需求函数为:

$$m_i^d(p, S=1) = \frac{\partial P_s}{\partial p_i} = A p_i^{1/(a-1)}$$

其中

$$A = \left[\sum_{j=1}^n p_j^{a/(a-1)}\right]^{-1/a} \tag{3.4}$$

如果 S 单位服务产出的话,生产要素需求函数为:

$$m_i^d(p, S) = AS p_i^{1/(a-1)} \tag{3.5}$$

假定在垄断竞争下,根据 Dixit 和 Stiglitz 给定的假设:S 给定,A 是常数。

$$p_i = \left[\frac{m_i}{AS}\right]^{a-1} = P_i(m_i) \tag{3.6}$$

边际收益:

$$MR_i = p_i\left[1 - \frac{m_i}{\varepsilon}\right]^{a-1} = \alpha p_i \tag{3.7}$$

其中 ε 为需求弹性:

$$\varepsilon \equiv -\frac{\mathrm{d}\ln m_i}{\mathrm{d}\ln p_i} = \frac{1}{1-\alpha} > 1$$

现假设母国投入熟练劳动力 H 和非熟练劳动力 L 生产专业服务 i。则假设熟练劳动力产生的固定成本为 $F = f w^H$,非熟练劳动力产生的变动成本为 $V = c w^L m_i$。其中 f 为熟练劳动力每单位服务产出中投入的劳动数量,w^H 为熟练劳动力的工资率;c 为非熟练劳动力每单位服务产出中投入的劳动数量,w^L 为非熟练劳动力的工资率。

根据边际收益等于边际成本的原理,可得:

$$a p_i = c w^L \tag{3.8}$$

非负利润要求：

$$p_i \geq \frac{fw^H}{m_i} + cw^L \tag{3.9}$$

利润等于：

$$r_i = pm_i - cw^L m_i - w^H f = (\frac{1-\alpha}{\alpha})cm_i w^L - fw^H \tag{3.10}$$

在对称均衡中，$p_i = p_j = p$，因此等式(3.3)变为：

$$P_S = n^{(\alpha-1)/\alpha}p = n^{(\alpha-1)/\alpha}(\frac{cw^L}{\alpha}) \tag{3.11}$$

而整个服务行业的利润则为：

$$R = nr_i = n[(\frac{1-\alpha}{\alpha})cm_i w^L - fw^H]$$

当完全竞争时，i 企业利润为 0，则

$$p_i = \frac{fw^H}{m_i} + cw^L$$

根据(3.8)式、(3.11)式，得

$$\frac{fw^H}{m_i} = (1-\alpha)p_i \tag{3.12}$$

$(1-\alpha)p_i$ 表示企业 i 的收入正好抵消其每单位产出需要的固定成本。

假设专业服务是均匀的，则

$$m = n^{-1/\alpha} \cdot S \tag{3.13}$$

将(3.8)式、(3.9)式代入(3.13)式，服务企业的数量：

$$n = (\frac{1-\alpha}{\alpha})^\alpha (\frac{fw^H}{cw^L})^{-\alpha} S^\alpha \tag{3.14}$$

S 是内生变量，当相关熟练工人的成本下降时，专业服务的范围上升了。

3.1.2 货物部门

货物部门为完全竞争市场，生产 x 和 y 两种最终产品。其中生产一单位的 y 产品(假设是香蕉)，需要投入 a_Y 单位的非熟练劳动力。y 商品的价格为

$$P_Y = a_Y w^L \tag{3.15}$$

生产 1 单位的 x 产品(假设是汽车)有 k 个生产环节,组装产品 x 需要 g 单位的劳动,θ_x 单位的服务,则 x 产品的价格为

$$P_X = \pi_1 + \pi_2 + \cdots + \pi_k + g w^L + P_s \theta_x$$

其中 π_j 为 x 产品生产各环节零部件的价格。生产 1 单位的 j 零部件,需要一单位的非熟练劳动和 θ_j 单位的服务,则

$$\pi_j = w^L + \theta_j P_s$$

因此产品 x 的价格为

$$P_X = (k+g) w^L + \Theta P_S = (k+g) w^L + \Theta n^{(a-1)/a} \left(\frac{c w^L}{a} \right)$$

其中

$$\Theta \equiv \theta_X + \sum \theta_i$$

Θ 为每单位 x 产品所需要的服务数量。

假定 n 给定,根据李嘉图模型的特性:P_X, P_s, P_Y 仅由技术水平决定。

3.1.3 消费者

整个国民收入等于劳动者的收入和各企业的利润:

$$M = w^L L + w^H H + n \left[\left(\frac{1-\alpha}{\alpha} \right) c m_i w^L - f w^H \right] \tag{3.16}$$

L 表示非熟练劳动力的供给数量,H 表示熟练劳动力的供给数量。

假定劳动供给是固定的,消费者的效用最大化:

$$\max_{X,Y} U(X,Y)$$

由于

$$P_X X + P_Y Y = M$$

且 $P_Y = 1$,$U(X,Y)$ 为位似效用函数,则需求函数采用以下形式:

$$X^d = \Phi_X(P_X, P_Y) M \tag{3.17}$$

$$Y^d = \Phi_Y(P_X, P_Y) M \tag{3.18}$$

受以下预算约束:

$$P_X \Phi_X(P_X, P_Y) + P_Y \Phi_Y(P_X, P_Y) = 1$$

如果以下效用函数为例:

$$U(X,Y) = X^\beta Y^{1-\beta}$$

并简化假设

$$P_X X + P_Y Y = w^L L + w^H H$$

根据效用最大化的一阶条件,得

$$X = \frac{\beta}{P_X}(w^L L + w^H H) \tag{3.19}$$

$$Y = \frac{1-\beta}{P_X}(w^L L + w^H H) \tag{3.20}$$

3.2 封闭经济中的总体均衡

3.2.1 均衡条件

在均衡中,

$$m_i = n^{-1/a} S = n^{-1/a} \Theta X^d = n^{-1/a} \Theta \Phi_X(P_X, P_Y) M \tag{3.21}$$

把(3.21)式代入(3.16)式,得

$$M = w^L L + w^H H + w^L (\frac{1-\alpha}{\alpha}) c n^{(\alpha-1)/\alpha} \Theta \Phi_X(P_X, P_Y) M - w^H fn$$

结合(3.17)式,X 的均衡产出为

$$\hat{X} = \frac{(L w^L + H w^H - w^H fn) \Phi_X(P_X, P_Y)}{1 - w^L (\frac{1-\alpha}{\alpha}) c n^{(\alpha-1)/\alpha} \Theta \Phi_X(P_X, P_Y)} \tag{3.22}$$

3.2.2 货物部门修正模型

为了方便起见,将产品 X 的 k 个生产环节转换为 $[0,k]$ 的连续生产区间,用 τ 表示该生产区间的某个阶段,$\tau \in [0,k]$。$\pi(\tau)$ 表示某阶段的价格,则产品 X 的价格为:

$$P_X = \int_0^K \pi(\tau) d\tau$$

而

$$\pi(\tau) = w^L + \theta(\tau) P_S$$

τ 越大,部件的服务越密集,进一步简化

$$\theta(\tau) = b\tau$$

则

$$\pi(\tau) = w^L + \tau b P_s \qquad \tau \in [0, k] \tag{3.23}$$

因此，封闭经济的自给自足均衡为

$$\pi(\tau) = w^L + \tau b n^{(\alpha-1)/\alpha} (\frac{c w^L}{\alpha})$$

将零部件组装起来，商品 x 的价格为

$$P_X = \int_0^k (w^L + b\tau P_s) dj \tag{3.24}$$

当生产 X 单位的产品 x 时，对非熟练劳动力和服务的需求分别为

$$L_X = kX \tag{3.25}$$

$$S = X\int_0^k bj dj = \frac{bk^2 X}{2} \tag{3.26}$$

用（3.14）式代入（3.13）式，得

$$m = (\frac{\alpha}{1-\alpha})(\frac{f w^H}{c w^L}) \tag{3.27}$$

由（3.12）式和（3.27）式可得

$$p_i = \frac{1}{\alpha} c w^L$$

结合（3.11）式，（3.14）式，（3.26）式，得

$$P_s = \frac{(1-\alpha)^{\alpha-1}}{\alpha^\alpha}(\frac{f w^H}{X})^{1-\alpha}(\frac{2}{bk^2})^{1-\alpha}(c w^L)^\alpha \tag{3.28}$$

$$n = (\frac{1-\alpha}{\alpha})^\alpha (\frac{w^L cbk^2}{2f w^H}X)^\alpha \tag{3.29}$$

从（3.28）式可知，P_s 与 $\frac{f w^H}{X}$ 成正比，每单位产品的固定成本 $\frac{f w^H}{X}$ 下降引起专业服务的价格 P_s 下降。因此产品 x 的生产规模扩大，通过规模效益能降低专业服务的价格。

用（3.28）式代入（3.24）式，得

$$P_X = k w^L + (\frac{(1-\alpha)^{\alpha-1}}{\alpha^\alpha})(\frac{f w^H}{X})^{1-\alpha}(\frac{cbk^2 w^L}{2})^\alpha \tag{3.30}$$

3.3　开放经济中的货物贸易模式

3.3.1　基本假设

开放经济中的货物贸易模型的基本假设如下：

(1)两个国家：母国为美国，外国为墨西哥；

(2)生产两种产品 x 和 y，x 为汽车，y 为香蕉；

(3)消费者具有相同的偏好；

(4)美国投入 L 单位的劳动要素，墨西哥投入 L^* 单位劳动要素；

(5)美国有 n 家服务企业；墨西哥有 n^* 家服务企业，其中 $n>n^*$；

(6)服务产品不可以贸易，货物产品的零部件可以贸易；

(7)墨西哥各生产阶段零部件的价格为 $\pi^*(\tau)=w^{L^*}+\tau b^*(n^*)^{(\alpha-1)/\alpha}$ $(\frac{c^* w^*}{\alpha})$；

(8)每单位产品 y 投入 a_Y 单位的劳动，且墨西哥每单位产品 y 投入 a_Y^* 单位的劳动高于美国的，即 $a_Y^*>a_Y$；

(9)墨西哥劳动力工资低于美国工人工资，即 $w^*<w$；

(10)如果斜率 $b^*\hat{P_S^*}>b\hat{P_S}$，则函数 $\pi^*(\tau)$ 和 $\pi(\tau)$ 相交于点 τ_I，当 $\tau<\tau_I$，墨西哥将生产并出口该阶段货物的零部件；当 $\tau>\tau_I$，美国将生产并出口该阶段货物的零部件；

(11)假设墨西哥组装 1 单位的 x 产品需要 g^* 单位的劳动，美国组装 1 单位的 x 产品需要 g 单位的劳动，且 $g^*>g$。当 g^*-g 非常大的时候，墨西哥不再组装汽车而直接向美国购买汽车；

(12)外国生产并出口零部件的生产阶段在 $[0,\tau_I]$，且这些零部件是缺乏服务的；而母国生产并出口的零部件是服务密集型的。

3.3.2　自由贸易均衡

该模型假定服务不可贸易，且不存在组装零部件的服务，即 $\theta_X=\theta_X^*=0$。

假设 $g^* \gg g$，因此汽车在美国组装。

$P_X = P_X^*$ 为自由贸易时产品 x（汽车）的世界市场价格，且 $P_Y = P_Y^* = 1$。

则整个国民收入就是两国的劳动收入和利润之和。

$$Z \equiv wL + w^* L^* + n\left[\left(\frac{1-\alpha}{\alpha}\right)cm - f\right]w + n^*\left[\left(\frac{1-\alpha}{\alpha}\right)c^* m^* - f^*\right]w^*$$

$$(3.31)$$

其中产品 y 在美国生产，则

$$w = \frac{1}{a_Y}$$

否则

$$w > \frac{1}{a_Y}$$

同样的，产品 y 在墨西哥生产，则

$$w^* = \frac{1}{a_Y^*}$$

否则

$$w^* > \frac{1}{a_Y^*}$$

结合预算约束：

$$P_X \Phi_X(P_X, P_Y) + P_Y \Phi_Y(P_X, P_Y) = 1$$

世界对产品 x 和产品 y 需求函数为：

$$X^w = \Phi_X(P_X, 1)Z \tag{3.32}$$

$$Y^w = \Phi_Y(P_X, 1)Z = [1 - P_X \Phi_X(P_X, 1)]Z \tag{3.33}$$

假设均衡时，墨西哥生产并出口的零部件的阶段 $[o, \tau_I]$，美国生产并出口的零部件阶段 $[\tau_I, k]$。由墨西哥提供的总的服务数量为：

$$S^* = \left[\int_0^{\tau_I} b^* \tau d\tau\right]X^w = \frac{1}{2}b^* \tau_I^2 X^w \tag{3.34}$$

同样，美国提供的总的服务数量为：

$$S = \left[\int_{\tau_I}^k b\tau d\tau\right]X^w = \frac{1}{2}b(k^2 - \tau_I^2)X^w \tag{3.35}$$

同时

$$m = n^{-1/\alpha}S$$

$$m^* = (n^*)^{-1/a} S^*$$

在 τ_I 生产阶段时,美国和墨西哥的生产成本相等。

$$w^* + b^* P_S^* \tau_I = w + b P_S \tau_I \tag{3.36}$$

即

$$w^* + \tau_I b^* (n^*)^{(a-1)/a} \left(\frac{c^* w^*}{\alpha} \right) = w + \tau_I b n^{(a-1)/a} \left(\frac{c w}{\alpha} \right) \tag{3.37}$$

假设 $n > n^*$,式(37)表明 τ_I 是 n, n^*, w, w^* 的函数,即

$$\tau_I = \tau_I(n, n^*, w, w^*) = \frac{w - w^*}{\Delta} > 0 \tag{3.38}$$

其中

$$\Delta \equiv b^* (n^*)^{(a-1)/a} \left(\frac{c^* w^*}{\alpha} \right) - b n^{(a-1)/a} \left(\frac{c w}{\alpha} \right) > 0$$

引理:$\tau_I(n, n^*, w, w^*)$ 是 n^* 和 w 的增函数,是 n 和 w^* 的减函数。

命题1:

(1)n^* 的增加或 c^* 的减少会导致外国生产并出口零部件的生产阶段扩大。换而言之,这样会提高母国外包程度。

(2)w^* 的增加会导致外国出口零部件生产阶段的缩小。

命题2:

$\hat{P}_X$ 是 w 和 w^* 的增函数,n 和 n^* 的减函数。

证明:

在自由贸易均衡条件,产品 x 的价格等于生产成本,$\hat{P}_X$ 表示均衡时产品 x 的价格,即:

$$P_X^* = P_X = \hat{P}_X = \left[\int_0^{\tau_I} (w^* + b^* \tau P_S^*) d\tau \right] + \left[\int_{\tau_I}^k (w + b\tau P_S) d\tau \right] \tag{3.39}$$

更准确地,

$$P_X^* = P_X = \hat{P}_X$$
$$= \left[\int_0^{\tau_I} (w^* + b^* \tau P_S^*(n^*, w^*)) d\tau \right] + \left[\int_{\tau_I}^k (w + b\tau P_S(n, w)) d\tau \right]$$

既然 $\hat{P}_X$ 是函数 $\pi^*(\tau)$ 和 $\pi(\tau)$ 的最低点,那么

$$\hat{P}_X = \int_0^k \min[\pi^*(\tau), \pi(\tau)] d\tau \equiv \hat{P}_X(w, w^*, n, n^*) \tag{3.40}$$

$$\hat{P}_X = w^* \tau_I(n,n^*,w,w^*) + w[k - \tau_I(n,n^*,w,w^*)] +$$

$$(\frac{1}{2})b^* P_S^*(n^*,w^*)[\tau_I(n,n^*,w,w^*)]^2 +$$

$$(\frac{1}{2})b P_S(n,w)\{k^2 - [\tau_I(n,n^*,w,w^*)]^2\} \qquad (3.41)$$

假设两国都生产产品 y，则 w 和 w^* 取决于 $w = 1/a_Y$ 和 $w^* = 1/a_Y^*$，将(3.11)式和(3.38)式代入(3.41)式，化简得到：

$$\hat{P}_X = \frac{3}{2}\left[\frac{(w-w^*)^2}{\Delta}\right] + wk + \frac{1}{2}bn^{(\alpha-1)/\alpha}(\frac{cw}{\alpha})\left[k^2 - \frac{2k(w-w^*)}{\Delta}\right]$$

$$(3.42)$$

从(3.42)式可知则 $\hat{P}_Y$ 独立于需求。

对(3.39)式求导：

$$\frac{\partial \hat{P}_X}{\partial w^*} = \int_0^{\tau_I} \frac{\partial \pi^*(\tau)}{\partial w^*}d\tau + \pi^*(\tau_I)\frac{\partial \tau_I}{\partial w^*} - \pi(\tau_I)\frac{\partial \tau_I}{\partial w^*}$$

$$= \int_0^{\tau_I}(1 + b^*\tau\frac{\partial P_S^*}{\partial w^*})d\tau > 0$$

3.3.3 产品 x 的均衡产出

均衡时，产品 x(汽车)的均衡产出。

第一，计算整个国民收入 Z，从(3.31)式得，

$$Z \equiv wL + w^*L^* - wnf - w^*n^*f^* + \xi \qquad (3.43)$$

其中 $\xi = (\frac{1-\alpha}{\alpha})[cwnm + c^*w^*n^*m^*]$

第二，利用

$$m = n^{-1/\alpha}S = n^{-1/\alpha}b[k^2 - \tau_I^2]X^w$$

$$m^* = (n^*)^{-1/\alpha}S^* = (n^*)^{-1/\alpha}b^*\tau_I^2 X^w$$

使

$$\xi = qX^w \qquad (3.44)$$

结合式(3.38)则

$$q \equiv (1-\alpha)\left[\frac{(w-w^*)^2}{\Delta}\right] + (\frac{1-\alpha}{\alpha})bcwk^2 n^{(\alpha-1/\alpha)}$$

第三，结合(3.32)式、(3.43)式、(3.44)式，得

$$X^w = \Phi_X(\overset{\wedge}{P_X}, 1)\left[wL + w^*L^* - wnf - w^*n^*f^* + qX^w\right] \quad (3.45)$$

最后,从(3.40)式可知 $\overset{\wedge}{P_X}$ 的影响因素,同样这些因素也决定 X^w:

$$\overset{\wedge}{X^w} = \frac{\Phi_X(\overset{\wedge}{P_X}, 1)\left[wL + w^*L^* - wnf - w^*n^*f^*\right]}{1 - q\Phi_X(\overset{\wedge}{P_X}, 1)}$$

由于

$$1 - P_X\Phi_X(P_X, 1) = \Phi_Y(P_X, 1) > 0$$

又因为产品 X 的产出超过其服务的投入,则

$$qX^w < P_X X^w$$

即

$$q < P_X$$

则

$$1 - q\Phi_X(\overset{\wedge}{P_X}, 1) > 0$$

从而

$$\overset{\wedge}{X^w} > 0$$

3.4 开放经济中的服务贸易模式

本节考虑服务可以贸易的情况,分为两种:(1)服务完全自由贸易,两国的服务价格相等;(2)含有交通成本的服务贸易。

假设服务贸易开放前,国外所生产的 n^* 单位服务与本国相对应,即本国所生产的 $n - n^*$ 单位服务是国外所不生产的。也就是,两国都先生产 n^* 单位服务,剩下的 $n - n^*$ 只在本国生产。因此当服务贸易开放后,母国的服务生产函数如下:

$$S = \left[\sum_i (m_i + m_i^*)^\alpha\right]^{1/\alpha}$$

不存在交通成本时,服务的价格为:

$$P_S = \left[\sum_{i=1}^n \left[\min(p_i, p_i^*)\right]^{\alpha/(\alpha-1)}\right]^{(\alpha-1)/\alpha}$$

存在交通成本时,服务的价格为:

$$P_S = \Big[\sum_{i=1}^{n} \big[\min(p_i, \delta_i p_i^*) \big]^{\alpha/(\alpha-1)} \Big]^{(\alpha-1)/\alpha}$$

其中 $\delta_i > 1$。

3.4.1　不考虑运输成本的服务自由贸易

由封闭经济中的分析可知，

$$P_S = n^{(\alpha-1)/\alpha} \Big(\frac{cw}{\alpha} \Big)$$

$$P_S^* = (n^*)^{(\alpha-1)/\alpha} \Big(\frac{c^* w^*}{\alpha} \Big)$$

假设 $n \gg n^*$，则 $P_S^* > P_S$。自由贸易的结果是母国出口服务到外国，直到两个服务价格相等为止。这时国外生产零部件的成本下降，母国将停止生产零部件，且组装 1 单位的 x 产品需要国外 g^* 单位的劳动大大于国内 g 单位劳动，即 $g^* \gg g$，所以产品 x(汽车)的所有零部件在外国(墨西哥)生产，在母国(美国)组装。

命题 3：服务的自由贸易导致零部件的生产完全外包给发展中国家。

3.4.2 考虑运输成本的服务自由贸易

服务的自由贸易使母国出口服务到外国，但由于运输成本的存在可以减少 P_S^* 与 P_S 之间的差异，而无法使 P_S^* 与 P_S 达到均等。因此外国(墨西哥)从母国(美国)进口 $n - n^*$ 单位服务。由于考虑运输成本时 P_S^* 高于自由贸易时价格，使 $\pi^*(\tau)$ 的斜率变大，从而使 τ_1 减小，导致外国生产并出口的零部件范围减少。

命题 4：由于运输成本的存在，服务自由贸易中发展中国家出口零部件的范围将减少。

3.5　一般均衡

本节取消所有服务的成本是一样的假设条件。认为所有服务投入是连续的，指定 $\rho \in [0, n]$，且 ρ 越大，其成本 $c(\rho)$ 也就越大。

3.5.1 封闭经济

服务的生产函数如下：

$$S = \left[\int_0^n \left[m(\rho) \right]^\alpha d\rho \right]^{1/\alpha}$$

$p(\rho)$ 为专业服务投入 ρ 的价格，服务产品的价格为：

$$P_S = \left[\int_0^n \left[p(\rho) \right]^{\alpha/(\alpha-1)} d\rho \right]^{(\alpha-1)/\alpha} \tag{3.46}$$

对于 ρ，条件需求是

$$m(\rho) = AS \left[p(\rho) \right]^{\alpha/(\alpha-1)}$$

其中

$$A = \left[\int_0^n \left[p(\rho) \right]^{\alpha/(\alpha-1)} d\rho \right]^{-1/\alpha}$$

根据边际收益等于边际成本的原则，

$$p(\rho) = \frac{wc(\rho)}{\alpha} \tag{3.47}$$

将式(3.47)代入(3.46)

$$P_S = \frac{w}{\alpha} \left[\int_0^n \left[c(\rho) \right]^{\alpha/(\alpha-1)} d\rho \right]^{(\alpha-1)/\alpha}$$

使 $c(\rho) = c_0 \rho^\gamma, \gamma \geqslant 0$

则：

$$\left[\int_0^n \left[c(\rho) \right]^{\alpha/(\alpha-1)} d\rho \right]^{(\alpha-1)/\alpha} = \frac{c_0}{K} \left[n \right]^{(\alpha\gamma+\alpha-1)/\alpha}$$

其中

$$K = \frac{\alpha\gamma + \alpha - 1}{\alpha - 1} > 0$$

则

$$P_S = \frac{wc_0}{\alpha K} \left[n \right]^{(\alpha\gamma+\alpha-1)/\alpha}$$

当 $\gamma = 0$，P_S 与式(3.11)相同。

3.5.2 开放经济两国贸易模式

假设 $n^* < n$，每国专业服务投入 ρ 的价格为：

$$p(\rho) = \frac{wc_0\rho^\gamma}{\alpha}$$

则外国专业服务投入 ρ 的价格为：

$$p^*(\rho) = \frac{w^* c_0^*}{\alpha}[\rho^{\gamma^*}] \quad 其中 \gamma^* > \gamma > 0$$

设 $v(\rho) = \dfrac{p(\rho)}{p^*(\rho)}$

$$w^* c_0^* < wc_0$$

则 $v(0) = (wc_0/w^* c_0^*) > 1$

因为 $v(\rho)$ 是减函数，所以存在唯一值 $\tilde{\rho}$，满足

$$v(\tilde{\rho}) = 1$$

当 $\rho > \tilde{\rho}$ 时，$v(\rho) < 1$

当 $\tilde{\rho} < n^* < n$，则 $v(n^*) < 1, v(n) < 1$

而 $p(n^*) < p^*(n^*)$，则 $p(n) < p^*(n)$，即母国生产专业服务的价格较低，具有比较优势投入专业服务进行生产。

3.5.3 不考虑运输成本的自由服务贸易

根据上文的分析可知，在服务自由贸易的前提下，外国从母国进口的服务在范围 $[\tilde{\rho}, n]$ 之间；而外国进行所有零部件的生产。（因为自由贸易的结果，$P_S = P_S^*$，且国外的劳动力价格比国内便宜）。

3.5.4 考虑运输成本的自由服务贸易

假设服务贸易发生时，从外国进口的专业服务的运输成本是比较低的，而进口组装服务的运输成本非常高。因此，从外国进口组装服务是不可能的。自由贸易的结果导致外国出口专业服务（即 $\rho \leqslant \tilde{\rho}, v(\rho) \geqslant 1$，$p^*(\rho) \leqslant p(\rho)$）。产品服务的价格效应导致 P_S 变小，P_S^* 不变。这样将导致外国生产零部件的范围缩小，国内更倾向于生产专业服务。

命题 5：当存在运输成本的服务贸易发生时，母国更倾向于提供专业的服务，从而使制造业分散化生产程度下降。

3.6 价值链提升的均衡模型

3.6.1 均衡条件

对熟练劳动力和非熟练劳动力的需求量为:

$$H = nf \tag{3.48}$$

$$L = Xk + ncm + a_Y Y \tag{3.49}$$

根据(3.48)式,化简

$$n = \frac{H}{f} \tag{3.50}$$

(3.50)式表明,专业服务的数量受熟练劳动力数量 H 和单位产品熟练劳动力的投入 f 的影响。

把(3.29)式代入(3.48)式,得

$$H = nf = (\frac{1-\alpha}{\alpha})^{\alpha} (\frac{w^L cbk^2 X}{2w^H})^{\alpha} f^{1-\alpha} \tag{3.51}$$

把(3.27)式、(3.29)式代入(3.49)式,得

$$L = Xk + (\frac{1-\alpha}{\alpha})^{\alpha-1} (\frac{w^L}{fw^H})^{\alpha-1} (\frac{cbk^2 X}{2})^{\alpha} + a_Y Y \tag{3.52}$$

将(3.8)式、(3.50)式代入(3.11)式,得

$$P_S = \frac{1}{\alpha} (\frac{f}{H})^{1-\alpha/\alpha} c w^L \tag{3.53}$$

利用(3.28)式、(3.53)式、(3.19)式、(3.30)式、(3.51)式、(3.52)式,得

$$X = \frac{\beta L}{k + (1/\alpha)(f/H)^{(1-\alpha)/\alpha}(cbk^2/2)(1-\beta(1-\alpha))}$$

$$\equiv X(\overset{+}{L}, \overset{+}{H}, \overset{-}{c}, \overset{-}{b}, \overset{-}{k}, \overset{-}{f}) \tag{3.54}$$

x 商品的数量 X 与非熟练劳动力的供给量 L,熟练劳动力的供给量 H 为正相关;与非熟练劳动力每单位服务产出中投入的劳动数量 c, x 商品某部件的服务投入的密集程度即生产性服务贸易数值 b, x 商品的生产阶段数 k,熟练劳动力每单位服务产出中投入的劳动数量 f 为负相关。

$$Y = \frac{(1-\beta)L}{a_Y} + \frac{\beta L(1-\beta)((1-\alpha)/\alpha)}{a_Y((2/cbk)(H/f)^{(1-\alpha)/\alpha} + (1/\alpha)(1-\beta(1-\alpha)))}$$

$$\equiv Y(\overset{+}{L}, \overset{-}{H}, \overset{+}{c}, \overset{+}{b}, \overset{+}{k}, f) \tag{3.55}$$

y 商品的数量 Y 与非熟练劳动力的供给量 L，非熟练劳动力每单位服务产出中投入的劳动数量 c，x 商品某部件的服务投入的密集程度即生产性服务贸易数值 b，x 商品的生产阶段数 k，熟练劳动力每单位服务产出中投入的劳动数量 f 为正相关；与熟练劳动力的供给量 H 为负相关。

$$\frac{w^H}{w^L} = \frac{\beta L((1-\alpha)/\alpha)}{H((2/cbk)(H/f)^{(1-\alpha)/\alpha} + (1/\alpha)(1-\beta(1-\alpha)))}$$

$$\equiv w(\overset{+}{L}, \overset{-}{H}, \overset{+}{c}, \overset{+}{b}, \overset{+}{k}, f) \tag{3.56}$$

$$\frac{P_X}{P_Y} = \frac{1}{a_Y}\left(k + \left(\frac{1}{\alpha}\right)\left(\frac{f}{H}\right)^{(1-\alpha)/\alpha}\left(\frac{cbk^2}{2}\right)\right)$$

$$\equiv S(\overset{-}{H}, \overset{+}{c}, \overset{+}{b}, \overset{+}{k}, f) \tag{3.57}$$

将(3.54)式代入(3.35)式，则美国提供的总的服务数量 S 为：

$$S = \frac{\beta L}{(2/bk) + (1/\alpha)(f/H)^{(1-\alpha)/\alpha}c(1-\beta(1-\alpha))}$$

$$\equiv S(\overset{+}{L}, \overset{+}{H}, \overset{-}{c}, \overset{+}{b}, \overset{+}{k}, \overset{-}{f}) \tag{3.58}$$

3.6.2　理论模型

假定整个生产流程的任一阶段 j 对应于价值链区间 $[0,1]$ 中的某一环节，j 越大表示该阶段处于价值链的位置越高，当 $j=1$ 时，生产阶段处于价值链顶端。其中，外国（墨西哥）承担的生产阶段 k 满足 $k \in [0,k]$，母国（美国）的生产阶段满足 $[k,1]$，显而易见，k 值的增加意味着生产阶段在价值链中提升了，因此研究价值链提升需要探求哪些因素导致了 k 值的增加。

用"＊"表示外国墨西哥，根据(3.24)式，产品 x 的价格为：

$$P_X = \int_0^k (w^{L^*} + bjP_S^*)dj + \int_k^1 (w^L + bjP_S)dj \tag{3.59}$$

在价值链临界环节 k，两国的单位成本相同：

$$w^L + bkP_S = w^{L^*} + bkP_S^* \tag{3.60}$$

根据(3.60)式，并利用(3.11)式、(3.59)式得

$$\Omega_1 k^2 + \Omega_2 k + \Omega_3 = 0 \qquad (3.61)$$

其中

$$\Omega_1 = b(\alpha P_s n^{*\,1-a/a} - c^* w^L) < 0$$

证明：

因为 $\alpha P_s n^{1-a/a} = c w^L$

而 $n > n^*$

所以 $c w^L > \alpha P_s n^{*\,1-a/a}$

所以 $\Omega_1 < 0$

$$\Omega_2 = 2bc(w^L + 0.5bP_s - P_X) > 0$$

证明：假设当产品 x 全部生产过程由本国（美国）单独完成时，产品 x 的价格 P'_X

$$P'_X = \int_0^1 (w^L + bj P_s) dj = w^L + 0.5bP_s$$

而根据上文命题，产品 x 由本国（美国）与外国（墨西哥）分工完成的价格 P_x 小于 P'_X，即产品内分工可以降低产品 x 的价格

所以 $\Omega_2 > 0$

同理，$\Omega_3 = 2an^{1-a/a}(w^{L^\cdot} + 0.5bP_s^* - P_X) > 0$

解（3.61）式得

$$k = \frac{-\Omega_2 - \sqrt{\Omega_2^2 - 4 * \Omega_1 * \Omega_3}}{2\Omega_1}$$

结合 $n = H/f$，根据 k 对外生变量的一阶偏导，可得

$$k = k(\overset{+}{H^*}, \overset{-}{f^*}, \overset{-}{c^*}, \overset{+}{b}, \overset{+}{w^L}, \overset{+}{P_S^*})$$

从以上模型可知，外国（发展中国家墨西哥）在产业链中提升价值链中的位置 k 与本国熟练劳动力的数量 H^*，x 产品某部件的服务投入的密集程度即生产性服务贸易额 b，母国（发达国家美国）非熟练劳动力的工资率 w^L，产业链中服务投入的价格 P_s 成正相关；与本国熟练劳动力每单位服务产出中投入的劳动数量 f^*，本国非熟练劳动力每单位服务产出中投入的劳动数量 c^* 成负相关。

4 中国生产性服务业参与垂直专业化国际分工水平[①]

随着科学技术的进步,以跨国公司为主体的全球一体化和以服务外包生产方式为特点的生产性服务贸易呈现了当前全球价值链的新特点。数量和种类巨大的中间产品、零部件和快速增长的专业化服务分别在各自不同的国家和经济体进行,促进生产性服务贸易额和跨国公司内部贸易额的上升。生产性服务作为跨国性生产链的中间投入,把某一特定产品的生产企业分散的生产空间联结起来,成为全球价值链的重要纽带。

Mary Amiti & Shang-Jin Wei(2006)在研究美国离岸制造业的生产率时指出,离岸服务业对提高生产率具有非常重要的作用,占了生产率的10%左右。张为付(2006)指出,跨国公司的对外直接投资行为一方面深化了国际间的垂直分工程度,促进了生产性服务业的分离,产生国际间的服务贸易;另一方面,东道国的服务业部门成为跨国公司的直接目标,从而使东道国在国内就可以享受国际服务业产品。Francois(2007)的研究显示,在较为先进的产业中,商业性服务的进口对于制造行业出口模式有着重要的决定作用,虽然在整体产品出口上效应不是非常显著,但在技术密集型产业中(主要指机动车、化学工业、机械电子和设备等行业)有着非常明显的正向作用,因此商业性服务的离岸外包可以持续有利于提升经济体技术密集型工业的竞争能力。生产性服务是将跨国公司分散的生产空间连接起来的主要纽带,也是跨国公司全球生产和

---

① 本章核心内容发表在《国际贸易问题》2010年第5期《全球价值链角度下我国生产性服务贸易的发展水平研究——基于投入产出方法》一文中。

销售网络的必要投入。庄丽娟、陈翠兰(2009)用OLS法分析服务贸易对制造贸易的促进作用主要源于生产性服务贸易部门,而生产性服务贸易部门中又以现代生产性服务贸易对制造贸易的促进作用较大,传统生产性服务贸易对制造贸易的促进作用较小。综上,生产性服务贸易逐渐成为跨国公司的发展趋势,是全球价值链重要的黏合剂,对货物贸易乃至经济社会发展的作用也越来越重要。

4.1 生产性服务贸易内涵

当前,针对服务贸易实证研究主要按照WTO划分的服务部门进行分析。各服务部门跨国界的交易有部分满足生产者需求,也有部分满足消费者需求。因此从特定服务部门出发衡量的贸易额作为生产性服务贸易会出现产值偏高的情况,而无法真实反映生产性服务贸易的发展状况。从而本书采用投入—产出分析方法,利用国民经济中各产业的中间投入率进行界定生产性服务贸易,较真实地反映生产性服务贸易在世界经济中的作用。这种方法利用一国的投入产出表,数据会受限制。

4.2 研究方法、指标与数据

投入—产出分析方法,是研究经济系统各个部分(作为生产单位或消费单位的产业部门、行业、产品等)之间投入与产出的相互依存关系的经济数量分析方法。由美国经济学家瓦西里·里昂惕夫在20世纪30年代提出,现已成为分析产业问题的重要方法。

投入产出分析中的所谓投入,是指产品生产所需原材料、辅助材料、燃料、动力、固定资产折旧、劳动力和服务的投入。它是任何产业从事某种经济活动都必须耗用的物质资料和必须使用的劳动力。所谓产出,是指产品生产的总量及其分配使用的方向和数量,如用于生产消费(中间产品)、生活消费、积累和净出口等(后三者总称为最终产品)。它是任何产业从事某种经济活动所得到的成果,即产品或劳务。在价值型投入产出表中,记录了全部用货币计量的中间产品价值、最终产品价值、毛附加值以及总产值。一般来说,从投入产出表的横向来看,各产业的总产值＝各产业提供的中间产品价值＋各产业最终产品价值;从纵向来看,各产业的总产值＝各产业消耗的中间产品价值＋各产业的毛附加价值。

另外与投入产出相关并在本书涉及的几个概念和指标如下:

(1)服务业中间需求率。从对产品的需求角度说,对每个产业产品的总需求由所有产业对它的需求(中间需求)和消费、积累以及出口的需要(最终需求)所构成。总需求中中间需求和最终需求的构成比例是反映产业技术经济特征的一个重要数据,可以用中间需求率来表示。服务业中间需求率指的是服务业的中间需求之和和总需求之比。

(2)服务中间投入值(即生产性服务业产值)。服务中间投入值,是指服务行业为满足农业、工业、服务业生产的中间投入产值。服务业产值等于服务中间投入值加上服务最终产值,而服务中间投入值符合生产性服务业中间投入的内涵,即可作为生产性服务业产值。

(3)服务中间投入率。服务中间投入率,是指服务行业所提供的总产出中用于满足农业、工业、服务业作为中间使用部分所占比例。

(4)农业工业服务业对生产性服务的使用率。农业工业服务业对生产性服务的使用率,指的是农业、工业、服务业中的总产出中消耗利用服务的中间投入比率。

(5)生产性服务贸易额。考虑到生产性服务贸易的中间投入性质,将生产性服务贸易额界定为:(某部门使用的服务中间产品价值/某部门的国内总产出)×该部门的出口额。(某部门使用的服务中间产品价值/某部门的国内总产出)度量了某部门每一单位的国内产出中包含的服务投入,即服务中间产品对国内产出的贡献度,再乘以某部门的出口额,就度量了该部门的出口中所包含的服务中间投入。

(6)服务业垂直专业化贸易份额。近年来,全球贸易的本质发生了很大的变化,生产越来越趋向于国际化,更多产品的生产不是在一个国家内完成,将生产环节分解,把某一个或某几个生产环节放在生产该环节具有优势的国家进行,完整的产品生产通过多个国家多个环节阶段在全球范围内完成。这种由产品内的国际垂直分工的现象称之为基于垂直专业化分工的贸易(Hummels,1998)。按照 Hummels 等人(1998)的研究,垂直专业化贸易须同时具备三个条件:第一,最终产品的生产必须经过两个或两个以上连续的生产阶段;第二,必须有两个或两个以上的国家在产品生产阶段中提供附加值;第三,至少有一个国家使用进口中间产品作为投入,且有部分最终产品用于出口。而服务业在这一全球生产过程中提供的中间服务即为生产性服务贸易,且衡量生产性服务贸易垂直化贸易的程度的指标为服务业垂直专业化贸易份额。利用 Hummels(2001)给出的测算一国垂直专业化贸易份额(Vertical Specialization Share,VSS):

$$VSS^M = uA^M[I-A^D]^{-1}x/X \qquad (4.1)$$

其中,u 是一个 $1 \times n$ 的单位向量,$A^M = [m_{ij}]_{n \times n}$,是一个 $n \times n$ 的进口中间产品投入使用矩阵,元素 m_{ij} 为行业 j 每一单位产出所需要部门 i 的进口中间产品投入率。$A^D = [d_{ij}]_{n \times n}$,为各行业单位产出的国内中间投入系数矩阵,元素 d_{ij} 为行业 j 每一单位产出所需要部门 i 的国内中间产品投入量。$[I-A^D]^{-1}$ 为里昂惕夫逆矩阵,可以视为是一个无穷几何级数,该矩阵使得进口中间投入最终包含在出口产品之前,可在国内各部门或各生产阶段多次循环使用。x 为 $n \times 1$ 的部门出口向量。X 为各行业出口之和。该指标的测算选用 OECD 编制的 1995 年、2005 年、2006 年及 2009 年四个版本的投入产出数据库,获取了中国 1995 年、1997 年、2000 年、2002 年以及 2005 年的投入产出表。OECD 提供的中国投入产出表包括三类:总使用表、进口使用表和国内使用表。总使用表提供了服务业的总产出和总出口数据;从进口使用表获得服务业各行业进口中间投入矩阵,结合总使用表中的服务业总产出数据,可计算出服务业各行业的进口中间产品投入率系数矩阵 A^M;从国内使用表可以获得服务业各行业国内中间投入数据,结合总使用表中的服务业总产出数据,计算出服务业各行业单位产出的国内中间投入系数矩阵 A^D。计算出以上指数后,根据公式先测算出服务业各行业的直接和间接使用的进口投入值,再得到一国服务业各行业和整体出口的垂直专业化贸易份额。

根据 Parinda Nirothsamabut(2010)对中国与亚洲 10 个经济体在欧美日和世界市场的出口相似程度分析,发现中国与韩国的出口结构最为相似。因此,本书选用了发达国家——美国,出口结构最为相似的亚洲国家——韩国为代表进行比较研究。本书中服务业中间需求率、服务中间投入值(即生产性服务产值)、服务中间投入率、农业工业服务业对生产性服务的使用率、生产性服务贸易额等指标的测算数据选用的投入产出表来自 OECD(STAN Structural Analysis Database,ftp://indust:STANdtbs@ftp.oecd.org),美国商务部经济分析局(www.bea.gov),《中国统计年鉴》,《中国 2002 年投入产出表》。其中中国 1990 年以前的投入产出表转引自李强、薛天栋的《中国经济发展部门分析:兼新编可比价投入—产出序列表》(中国统计出版社,1998 年)。

4.3 中国生产性服务业现状与结构

生产性服务业是生产性服务贸易的产业基础。因此对中国生产性服务业的研究有利于理解生产性服务贸易的产业现状与特点。

4.3.1 生产性服务业总体水平

1. 生产性服务业产值

基于投入产出方法,结合投入产出表的数据,中国生产性服务业产值如表 4-1 所示:

表 4-1 中国生产性服务业产值

年份	国民产出(亿元,按当年生产价格计算)	服务业产出(亿元,按当年生产价格计算)	服务中间投入(生产性服务业产值)(亿元,按当年生产价格计算)	生产性服务占国民产出比例(%)	生产性服务占服务业总产出比例(%)
1981	17140.1	3290.6	1408.9	8.22	42.82
1983	20876.8	4204.0	1712.9	8.20	40.74
1987	35582.5	8178.1	3880.2	10.90	47.45
1990	42213.4	7584.4	3578.9	8.48	47.19
1992	68464.0	16964.3	9545.4	13.94	56.27
1995	156544.9	30908.0	17547.0	11.21	56.77
1997	199844.2	42438.0	22116.0	11.07	52.11
2000	257552.8	58134.9	31310.6	12.16	53.86

年份	国民产出（亿元,按当年生产价格计算）	服务业产出（亿元,按当年生产价格计算）	服务中间投入（生产性服务业产值）（亿元,按当年生产价格计算）	生产性服务占国民产出比例（%）	生产性服务占服务业总产出比例（%）
2002	313430.5	94292.7	46084.2	14.70	48.87
2005	546764.7	148445.0	77184.0	14.12	52.00

数据来源:中国 1990 年以前的投入产出表转引自李强、薛天栋的《中国经济发展部门分析:兼新编可比价投入—产出序列表》(中国统计出版社,1998 年)。1992 年及以后的数据来源于《中国统计年鉴》,中华人民共和国国家统计局(http://www.stats.gov.cntjsjndsj/)。2002 年部分数据来源于《中国 2002 年投入产出表》,中国统计出版社,2006 年 8 月。

注:由于投入产出表的限制,截至论文撰写时间,最新数据只能获得 2005 年数值。

从表 4-1 可知,生产性服务业产值(服务中间投入)从 1981 年 1408.9 亿元上升到 2005 年的 77184 亿元,增长了近 55 倍。而同期的国民产出仅增长了近 32 倍,服务业总产值增长了 45 倍左右。1995 年生产性服务业产值突破了 1 万亿元,达到了 17547 亿元。生产性服务占国民产出的比例由 8.22% 上升到 14.12%,增加了 5.9 个百分点;生产性服务占服务业总产值由 42.82% 上升到 52%,1995 年最高达到了 56.77%,增加了 9.18 个百分点。可见中国生产性服务业发展迅猛,增长速度飞速,不仅增长速度超过了国民产出和服务业总产值,而且在国民经济和服务业中的地位也稳步增长,尤其是在服务业中占比达到了 50% 以上。

表 4-2、表 4-3 分别为美国与韩国的生产性服务业产值。美国生产性服务业产值 2007 年比 1995 年增长了 2.5 倍左右。1998 年美国生产性服务业产值占国民产出达到了 25%,2006、2007 两年超过了 27%。2007 年美国生产性服务产值占服务业总产值的 46.12%。韩国生产性服务业产值 2005 年比 1995 年增长了 3 倍多。2005 年韩国生产性服务业产值占国民产出为 18.13%。2007 年韩国生产性服务业占服务业总产值的 44.01%。中国生产性服务业产值 2005 年比 1995 年增长了 4 倍多,比美国、韩国的发展速度都快。中国生产性服务业产值占国民产出的比例比韩国要高,比美国要低一半左右;中国生产性服务业产值占服务业总产值的比重比美国和韩国都要高,很可能是因为中国服务业总产值与美国有较大差距,美国服务业涵盖内容丰富,所以相对而言中国生产性服务业占服务业总产值较高。

表 4-2　美国生产性服务业产值

年份	国民产出(百万美元,当年价)	服务业产出(百万美元,当年价)	服务中间投入(百万美元,当年价)	生产性服务占国民产出比例(%)	生产性服务占服务业总产出比例(%)
1972	3285273	869801	323816	9.86	37.23
1977	5640717	1509204	554280	9.83	36.73
1982	9147370	2555310	977719	10.69	38.23
1985	11225982	3350571	1287794	11.47	38.44
1990	15224307	4542971	1848583	12.14	40.69
1995	13535416	8160503	2819954	20.83	34.56
1998	15905114	8910603	3984569	25.05	44.72
1999	16907966	9640576	4341858	25.68	45.04
2000	18186525	10483452	4797713	26.38	45.76
2001	18403230	10735071	4816287	26.17	44.86
2002	18788409	11077025	4925621	26.22	44.47
2003	19757460	11626976	5196949	26.30	44.70
2004	21309011	12553330	5644704	26.49	44.97
2005	23102804	13512056	6175293	26.73	45.70
2006	24616258	14468176	6670990	27.10	46.11
2007	25808901	15314464	7062378	27.36	46.12

数据来源:1995 年及以前的投入产出表来自 OECD 网站(http://www.oecd.org/document/3/0,3343,en_2649_34445_38071427_1_1_1_1,00.html),1998 年及以后的投入产出表来自美国商务部经济分析局(http://www.bea.gov/industry/io_annual.htm)。

表 4-3　韩国生产性服务业产值

年份	国民产出(百万韩元,当年价)	服务业产出(百万韩元,当年价)	服务中间投入(百万韩元,当年价)	生产性服务占国民产出比例(%)	生产性服务占服务业总产出比例(%)
1995	969261423	298992685	121152963	12.50	40.52
2000	1341608474	551645221	242758366	18.09	44.01
2005	2068807934	852207761	375075125	18.13	44.01

数据来源:OECD 网站。

http://www.oecd.org/document/3/0,3343,en_2649_34445_38071427_1_1_1_1,00.html。

2. 生产性服务业对国民经济的贡献

中国服务中间投入与物质中间投入的情况如表 4-4、图 4-1 所示。将服务中间投入与物质中间投入相比较:第一,服务中间投入增长速度高于物质中间投入增长速度。从 1981 年到 2005 年,服务中间投入增长了 55 倍左右,而物质中间投入增长了 38 倍左右;第二,物质投入的增幅大于服务中间投入的增幅。从图 4-2 可以得知,从 1981 年到 2005 年物质对国民经济的投入值增幅比服务的中间投入值增幅陡;第三,物质中间投入对国民经济的贡献大大超过服务中间投入对国民经济的贡献。物质中间投入基本在 50% 左右,而服务中间投入在 10% 左右。如图 4-2 所示,需要进一步指出的是,服务中间投入率在上世纪 80 年代的大部分时候都低于 10%,1992 年迅速超过了 13%,之后回落了,又增长,又回落,进行徘徊增长,到 2005 年达到了 14.12%。与整个国民收入相比,服务中间投入的曲线更平缓,且与国民收入的曲线差距越来越大。从以上分析可以说明,自 1981 年到 2005 年,服务中间投入即生产性服务增长较快,并且整个过程是徘徊增长的,但由于起步较低,与物质中间投入相比,其对国民经济贡献还比较低。

表 4-4 中国生产性服务业对国民经济的贡献

年份	服务中间投入(亿元,按当年生产价格计算)	服务中间投入率(%)	物质中间投入(亿元,按当年生产价格计算)	物质中间投入率(%)
1981	1408.9	8.22	7489.5	43.70
1983	1712.9	8.20	9327.4	44.68
1987	3880.2	10.90	15849.6	44.54
1990	3578.9	8.48	21100.8	49.99
1992	9545.4	13.94	32274.3	47.14
1995	17547.0	11.21	79549.8	50.82
1997	22116.0	11.07	102024.2	51.05
2000	31310.6	12.16	133895.3	51.99
2002	46084.2	14.70	145487.4	46.42
2005	77184.0	14.12	283324.7	51.82

注:由于投入产出表的限制,截至论文撰写时间,最新数据只能获得 2005 年数值。

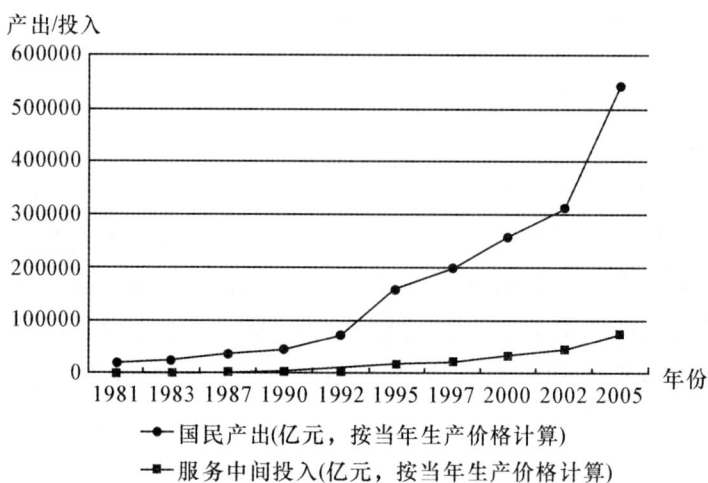

图 4-1 生产性服务业对国民经济的贡献

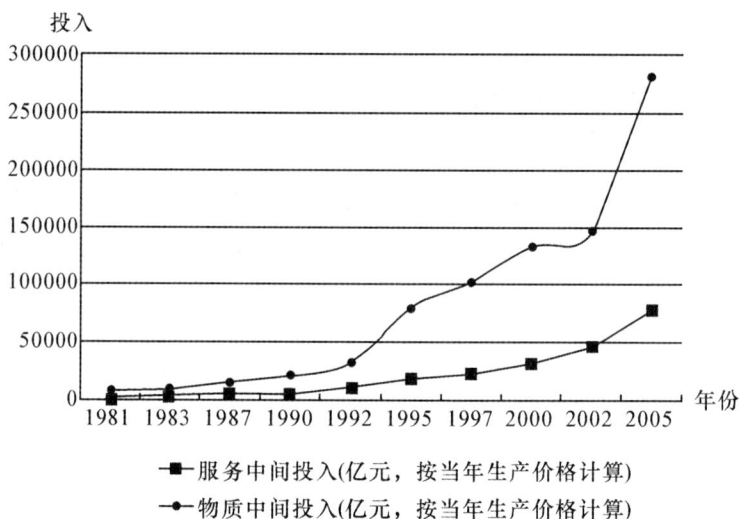

图 4-2 服务中间投入与物质中间投入比较

表 4-5、表 4-6 分别为美国生产性服务业、韩国生产性服务业对国民经济的贡献。美国从 1998 年起服务中间投入率就超过了 25%，之后稳步增长，2007 年达到了 27.36%。韩国服务中间投入率 1995 年为 12.5%，2005 年达到 18.13%。与美国相比，中国的服务中间投入率远远低于美国。与韩国相比，1995 年中国服务中间投入率比韩国低了

1.29％,2000年低了5.93％,到2005年差距略微缩小,低了4％。可见,与美国、韩国相比,中国的服务中间投入率较低。

表4-5 美国生产性服务业对国民经济的贡献

年份	服务中间投入(百万美元,当年价)	服务中间投入率(％)
1972	323816	9.86
1977	554280	9.83
1982	977719	10.69
1985	1287794	11.47
1990	1848583	12.14
1995	2819954	20.83
1998	3984569	25.05
1999	4341858	25.68
2000	4797713	26.38
2001	4816287	26.17
2002	4925621	26.22
2003	5196949	26.30
2004	5644704	26.49
2005	6175293	26.73
2006	6670990	27.10
2007	7062378	27.36

表4-6 韩国生产性服务业对国民经济的贡献

年份	服务中间投入(百万韩元,当年价)	服务中间投入率(％)
1995	121152963	12.50
2000	242758366	18.09
2005	375075125	18.13

3. 生产性服务对国民经济具体行业的贡献

为了进一步分析生产性服务对国民经济的贡献,本书利用2005年中国的投入—产出表测算了生产性服务业对所有国民经济行业的贡献,如表4-7所示。从表4-7可知,生产性服务业对金融保险业、其他服务业等服务业的贡献最大,对建筑业等工业的贡献其次,对农业的贡献最小。从以上分析可知当前生产性服务业主要为服务业和工业服务。

表 4-7　2005 年生产性服务业对国民经济具体行业的贡献　　（单位：%）

国民行业	服务投入率
金融保险业	27.59
其他服务业	20.34
批发零售贸易、住宿和餐饮业	19.85
运输邮电业	19.76
房地产业、租赁和商务服务业	19.75
建筑材料及其他非金属矿物制品业	16.96
建筑业	15.05
采掘业	13.88
其他制造业	13.37
电力、热力及水的生产和供应业	13.36
机械设备制造业	12.07
纺织、缝纫及皮革产品制造业	11.56
化学工业	11.01
食品制造业	10.59
金属产品制造业	10.39
炼焦、煤气及石油加工业	7.80
农业	6.95

4. 服务业中间需求率及其构成

从对服务的中间需求角度说,中国对服务中间需求占对服务的总需求比例在 50% 左右(见表 4-8),近 20 多年来增长了 10% 左右(见图4-3)。其中工业的中间需求最高,占所有产业中间需求的比例达到 60% 左右,且近几年有下降趋势;服务的中间需求其次,占所有产业中间需求的比例接近于 40%,且有逐年增长的趋势;农业的中间需求最小,且逐年下降。从图 4-4 可知,工业、服务业、农业对服务的中间需求很稳定,变化幅度不大。

表 4-8　中国服务业中间需求率及其构成　　　（单位：%）

年份	服务中间需求率	中间需求构成		
		农业	工业	服务业
1981	42.8	9.7	63.7	26.7
1983	40.7	10.2	58.4	31.4
1987	47.4	6.8	63.4	29.8
1990	47.2	7.8	61.2	31.0
1992	56.3	5.7	58.9	35.4
1995	56.8	6.6	62.8	30.6
1997	52.1	5.9	57.6	36.4
2000	53.9	5.3	56.8	37.9
2002	48.9	4.9	53.5	41.5
2005	52.0	3.5	57.0	39.4

注：由于投入产出表的限制，截至论文撰写时间，最新数据只能获得 2005 年数值。

　　表 4-9、表 4-10 分别是美国和韩国服务业的中间需求率。美国服务业的中间需求率从 20 世纪 90 年代末期开始就一直维持在 45% 左右，韩国服务业的中间需求率为 40%～45%。相比美国和韩国，中国服务业的中间需求率偏高。这表明中国服务业的中间需求旺盛。

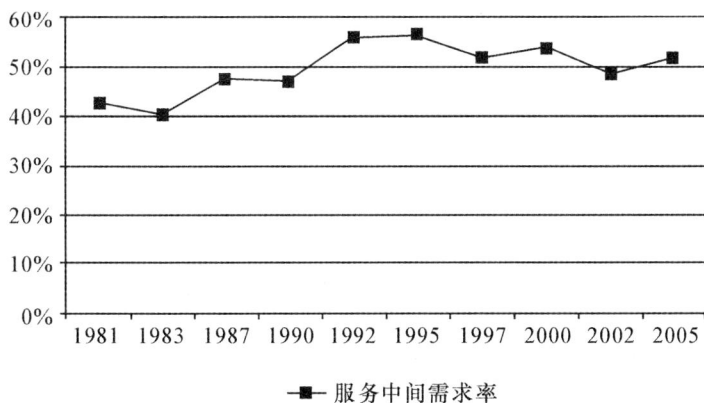

图 4-3　中国服务业的中间需求率的增长

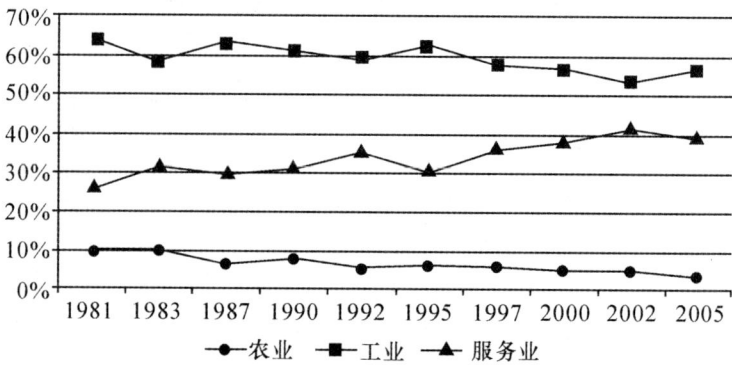

图 4-4　中国服务业中间需求构成

表 4-9　美国服务业的中间需求率　　　　　　　　　　（单位：%）

年份	服务中间需求率	年份	服务中间需求率
1972	37.23	2000	45.76
1977	36.73	2001	44.86
1982	38.26	2002	44.47
1985	38.44	2003	44.70
1990	40.69	2004	44.97
1995	34.56	2005	45.70
1998	44.72	2006	46.11
1999	45.04	2007	46.12

表 4-10　韩国服务业的中间需求率　　　　　　　　　　（单位：%）

年份	服务中间需求率
1995	40.52
2000	44.01
2005	44.01

4.3.2　生产性服务的部门构成

从生产性服务的部门构成角度分析，即生产性服务具体有哪些部门提供，详见表 4-11。从历年数据来看，整个 20 世纪 80 年代和 90 年代，中国商业饮食业提供了较大部分的生产性服务，最高的年份其占生产性服务业的比重接近于 50%，但从 90 年代后期，有逐渐下降的趋势。从 90 年代末期开始，运输邮电业提供的生产性服务的相对规模有逐年上升趋势。涵盖专业服务、综合技术服务等其他服务业部门提供的生产性服务业也在逐年上升。

表 4-11　生产性服务业内部构成情况（一）

年份		运输邮电业	商业饮食业	其他服务部门
1981	中间使用合计（亿元）	402.9	655.1	352.2
	生产性服务业内部结构（%）	28.6	46.5	25.0
1983	中间使用合计（亿元）	525.9	630.3	555.0
	生产性服务业内部结构（%）	30.7	36.8	32.4
1987	中间使用合计（亿元）	873.0	1901.3	1109.7
	生产性服务业内部结构（%）	22.5	49.0	28.6
1990	中间使用合计（亿元）	1066.5	1030.7	1478.1
	生产性服务业内部结构（%）	29.8	28.8	41.3
1992	中间使用合计（亿元）	1985.7	4167.1	3392.6
	生产性服务业内部结构（%）	20.8	43.7	35.5

续表 4-11　生产性服务业内部构成情况（二）

年份		运输邮电业	商业饮食业	公共事业及居民服务业	金融保险业	其他服务部门
1995	中间使用合计（亿元）	4364.8	8211.2	1971.0	1991.8	1008.2
	生产性服务业内部结构（%）	24.9	46.8	11.2	11.4	5.7
1997	中间使用合计（亿元）	55594.6	84903.0	40791.9	26941.6	12929.1
	生产性服务业内部结构（%）	25.1	38.4	18.4	12.2	5.8
2000	中间使用合计（亿元）	8537.8	10946.0	6037.7	3930.7	1858.4
	生产性服务业内部结构（%）	27.3	35.0	19.3	12.6	5.9

续表 4-11　生产性服务业内部构成情况（三）

年份		运输邮电业	批发零售贸易、住宿和餐饮业	房地产业、租赁和商务服务业	金融保险业	其他服务部门
2002	中间使用合计（亿元）	10920.5	14131.8	10188.9	6307.8	4535.3
	生产性服务业内部结构（%）	23.7	30.7	22.1	13.7	9.8
2005	中间使用合计（亿元）	27054.0	21852.5	11241.6	7653.7	9382.1
	生产性服务业内部结构（%）	35.1	28.3	14.6	9.9	12.2

　　从 2005 年的情况来看（见图 4-5），运输邮电业所占比重最高，达到了 35.1%；批发零售贸易、住宿和餐饮业次之，为 28.3%；随后是房地产、租赁和商务服务业为 14.6%；再者是金融保险业占 9.9%，而其他服务部门仅占 12.2%。

　　如表 4-12 所示，美国生产性服务的构成情况显示，2007 年美国专业科学技术服务提供的生产性服务比例最大，达到了 20.27%，其次是金融业、房地产业与租赁、通讯业等知识密集型产业，最后是艺术、休闲及体育活动，教育服务业，医疗服务业等与生活息息相关的产业。与美国相比，中国批发零售贸易、住宿和餐饮业，运输邮电业等传统劳动密集型产业提供的生产性服务比重较高，而涵盖专业服务的其他服务产业提供的生产性服务比重偏低。

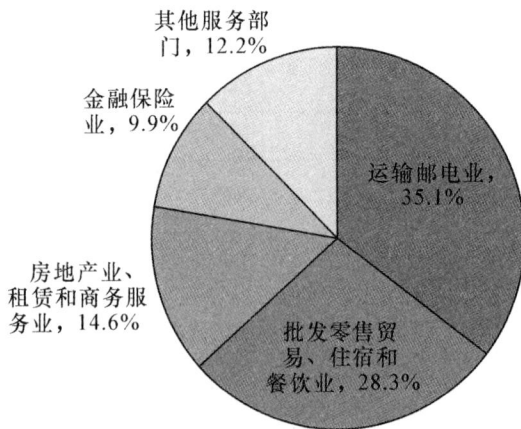

图 4-5　2005 年中国生产性服务业内部构成图

表 4-12 2007 年美国生产性服务构成情况

服务行业	中间使用合计(百万美元)	生产性服务内部结构(%)
批发贸易	580272.6	8.22
零售贸易	144509.8	2.05
交通与仓储业	516769.1	7.32
通讯业	743298.8	10.52
金融业	1108241.4	15.69
房地产业与租赁	953120.0	13.50
专业科学技术服务	1431642.8	20.27
管理服务	379144.4	5.37
公共管理	630454.3	8.93
教育服务业	44366.6	0.63
医疗服务业	29922.0	0.42
艺术、休闲及体育活动	65515.4	0.93
住宿及食品服务	168088.2	2.38
除政府活动以外的服务	267032.2	3.78
生产性服务合计	7062377.6	100

从生产性服务的部门构成角度分析,中国以批发零售贸易、住宿和餐饮业,运输邮电业等传统劳动密集型产业提供的生产性服务为主,而涵盖专业服务的其他服务产业提供的生产性服务比重较少。但从发展的趋势来看,具备较高技术与知识的生产性服务部门投入正逐年增长。

4.3.3 各生产性服务业部门的水平

生产性服务业是由各中间投入的服务部门组成的,这些服务部门是生产性服务业的具体内容,其发展水平也决定了生产性服务业的水平。

1. 各生产性服务业部门中间需求率

从对服务的中间需求角度说,中国对服务中间总需求占对服务的总需求比例为50%左右(见表 4-13)。从具体部门来看,运输邮电业和商业饮食业的中间需求较高,都在60%以上,其中最高的时候达到了80%多;公共事业及居民服务业中间需求率基本上在50%左右;金融保险业的中间需求也很高(除 2002 年以外),在 70％以上,最高年份超过了 80％;包含专业服务、综合技术的其他服务业的中间需求相对较低,不到 20％,但从发展趋势来看,有逐年增长的趋势。

表 4-13　生产性服务业各部门中间需求率(一)　　　(单位:％)

年份	服务中间需求率	运输邮电业中间需求率	商业饮食业中间需求率	其他服务部门中间需求率
1981	42.8	66.5	77.5	19.1
1983	40.7	67.2	70.1	22.0
1987	47.4	61.4	62.9	29.7
1990	47.2	69.6	60.2	34.1
1992	56.3	74.5	65.6	42.7

续表 4-13　　生产性服务业各部门中间需求率(二)　　　(单位:％)

年份	服务中间需求率	运输邮电业中间需求率	商业饮食业中间需求率	公共事业及居民服务业中间需求率	金融保险业中间需求率	其他服务部门中间需求率
1995	56.8	82.8	74.6	45.8	81.0	12.8
1997	52.1	79.1	63.8	54.4	74.9	11.7
2000	53.9	80.8	64.6	54.7	76.1	12.9

续表 4-13　　生产性服务业各部门中间需求率(三)　　　(单位:％)

年份	服务中间需求率	运输邮电业中间需求率	批发零售贸易、住宿和餐饮业中间需求率	房地产业、租赁和商务服务业中间需求率	金融保险业中间需求率	其他服务部门中间需求率
2002	48.9	74.8	58.2	58.8	36.4	14.7
2005	52.0	77.2	64.1	54.6	74.6	19.4

2. 各生产性服务业部门中间服务需求的构成

从表 4-14 可以看出,运输邮电业的中间需求主要由工业的需求构成,工业的需求基本上占了所有产业的中间需求的 60％左右;其次是服务业的需求占了 35％左右;农业的需求相对较小。商业饮食业的中间需求以工业的需求为主,工业的需求超过 60％,但有逐渐下降的趋势;然后服务业的中间需求占了 30％;农业的需求也相当低。公共事业及居民服务业中间需求以服务业的需求为最大,最高时候占了所有产业的中间需求的 70% 以上；接着是工业占了 38% 左右；最后是农业的需求最小。工业和服务业对金融保险业，房地产业、租赁和商务服务业以及其他服务部门的中间需求基本持平，为 40%～50%。可见运输邮电业、商业饮食业、公共事业及居民服务业、金融保险业、房地产业、租赁和商务服务业以及其他服务部门等部门是以工业和服务业的中间需求为主，其中工业对运输邮电业、商业饮食业、其他服务业中的中间需求高于或略高于服务业的中间需求，服务业对公共事业及居民服务业、租赁和商务服务业、金融保险业中的中间需求高于或略高于工业的中间需求。

表 4-14　中国服务业各部门中间服务需求构成　　　　（单位：%）

年份	1992	年份	1995	1997	2000	年份	2002	2005
运输邮电业中间需求率	74.5	运输邮电业中间需求率	82.8	79.1	80.8	运输邮电业中间需求率	74.8	77.2
中间需求构成　农业	5.1	中间需求构成　农业	6.8	5.3	4.3	中间需求构成　农业	5.6	3.4
工业	41.1	工业	55.4	61.9	61.1	工业	60.0	61.3
服务业	53.8	服务业	37.9	32.8	34.6	服务业	34.4	35.3
商业饮食业中间需求率	65.6	商业饮食业中间需求率	74.6	63.8	64.6	批发零售贸易、住宿和餐饮业中间需求率	58.2	64.1
中间需求构成　农业	4.7	中间需求构成　农业	5.5	5.3	4.6	中间需求构成　农业	5.6	3.9
工业	77.4	工业	81.2	68.7	69.1	工业	62.9	63.2
服务业	17.9	服务业	13.3	26.1	26.3	服务业	31.5	32.9
其他服务部门中间需求率	42.7	公共事业及居民服务业中间需求率	45.8	54.4	54.7	房地产业、租赁和商务服务业中间需求率	58.8	54.6
中间需求构成　农业	7.2	中间需求构成　农业	4.7	2.7	2.3	中间需求构成　农业	1.2	0.9
工业	46.6	工业	24.3	38.6	38.7	工业	48.6	49.2
服务业	46.2	服务业	71.0	58.7	59.0	服务业	50.2	49.9
		金融保险业中间需求率	81.0	54.4	76.1	金融保险业中间需求率	36.4	74.6
		中间需求构成　农业	5.8	4.3	3.9	中间需求构成　农业	7.2	5.4
		工业	51.2	52.3	50.5	工业	35.4	45.1
		服务业	43.0	43.4	45.6	服务业	57.4	49.5
		其他服务部门中间需求率	12.8	11.7	12.9	其他服务部门中间需求率	14.7	19.4
		中间需求构成　农业	20.8	26.7	25.8	中间需求构成　农业	6.3	4.8
		工业	43.0	38.0	37.1	工业	45.2	49.4
		服务业	36.2	35.3	37.1	服务业	48.4	45.8

3. 各生产性服务业部门对国民经济各部门的中间服务投入率

2005 年在中国服务业的 5 个部门里面,运输邮电业对国民经济部门的中间服务投入率最高,房地产业、租赁和商务服务业次之,然后是金融保险业,再是批发零售贸易、住宿和餐饮业,最后是其他服务业对国民经济部门的中间投入率最低(见表 4-15)。具体而言,服务业具体部门对运输邮电业、金融保险业等服务业的投入率最高,对建筑业等工业的投入率次之,对农业的投入率最低。

表 4-15　2005 年生产服务各具体行业对国民具体各部门的服务投入率(单位:%)

排序	生产服务具体行业／国民经济部门	运输邮电业投入率	生产服务具体行业／国民经济部门	批发零售贸易、住宿和餐饮业服务投入率	生产服务具体行业／国民经济部门	房地产业、租赁和商务服务业服务投入率	生产服务具体行业／国民经济部门	金融保险业服务投入率	生产服务具体行业／国民经济部门	其他服务业服务投入率
1	运输邮电业	10.68	其他服务业	6.14	金融保险业	6.27	金融保险业	6.20	其他服务业	4.98
2	金融保险业	8.70	其他制造业	5.42	批发零售贸易、住宿和餐饮业	5.64	房地产业、租赁和商务服务业	3.23	采掘业	2.99
3	建筑业	7.57	建筑材料及其他非金属矿物制品业	5.22	房地产业、租赁和商务服务业	5.51	运输邮电业	2.86	电力、热力及水的生产和供应业	2.65
4	建筑材料及其他非金属矿物制品业	6.53	房地产业、租赁和商务服务业	5.03	其他服务业	2.79	批发零售贸易、住宿和餐饮业	2.42	批发零售贸易、住宿和餐饮业	2.29
5	采掘业	5.49	批发零售贸易、住宿和餐饮业	4.82	纺织、缝纫及皮革产品制造业	2.16	建筑材料及其他非金属矿物制品业	2.39	金融保险业	2.24
6	其他服务业	5.07	纺织、缝纫及皮革产品制造业	4.28	机械设备制造业	2.09	电力、热力及水的生产和供应业	2.35	房地产业、租赁和商务服务业	1.76
7	金属产品制造业	4.83	金融保险业	4.18	食品制造业	1.99	其他服务业	1.37	运输邮电业	1.47

排序	生产服务具体行业 国民经济部门	运输邮电业投入率	生产服务具体行业 国民经济部门	批发零售贸易和住宿和餐饮服务业投入率	生产服务具体行业 国民经济部门	房地产业、租赁和商务服务业投入率	生产服务具体行业 国民经济部门	金融保险业服务投入率	生产服务具体行业 国民经济部门	其他服务业投入率
8	批发零售贸易、住宿和餐饮业	4.68	机械设备制造业	4.00	建筑业	1.81	采掘业	1.31	建筑材料及其他非金属矿物制品业	1.41
9	其他制造业	4.63	食品制造业	3.90	化学工业	1.62	农业	1.05	建筑业	1.33
10	房地产业、租赁和商务服务业	4.23	电力、热力及水的生产和供应业	3.88	运输邮电业	1.59	其他制造业	0.98	纺织、缝纫及皮革产品制造业	1.27
11	电力、热力及水的生产和供应业	4.15	建筑业	3.81	其他制造业	1.42	机械设备制造业	0.95	金属产品制造业	1.14
12	机械设备制造业	4.03	化学工业	3.42	建筑材料及其他非金属矿物制品业	1.42	化学工业	0.87	农业	1.14
13	化学工业	3.99	金属产品制造业	3.20	采掘业	1.06	纺织、缝纫及皮革产品制造业	0.77	化学工业	1.11
14	炼焦、煤气及石油加工业	3.82	运输邮电业	3.16	金属产品制造业	0.56	金属产品制造业	0.66	机械设备制造业	1.01
15	食品制造业	3.09	采掘业	3.03	炼焦、煤气及石油加工业	0.44	食品制造业	0.62	食品制造业	0.99
16	纺织、缝纫及皮革产品制造业	3.09	炼焦、煤气及石油加工业	2.21	电力、热力及水的生产和供应业	0.34	建筑业	0.53	其他制造业	0.91
17	农业	2.32	农业	2.19	农业	0.26	炼焦、煤气及石油加工业	0.49	炼焦、煤气及石油加工业	0.83

4.3.4 生产性服务的使用率

1. 农业工业服务业对生产性服务的使用率

农业工业服务业对生产性服务的使用率指的是农业、工业、服务业中的总产出中消耗利用服务的中间投入比率（见表 4-16）。从时间发展上来看，农业、工业、服务业对生产性服务的使用率在总体趋势上是不断增加的，其中增长速度最快的是农业对生产性服务的使用率，其次是服务业，最后是工业；从产业使用层面上看，各年份中服务业对生产性服务业的使用率最高，基本上是工业使用率的 2 倍，农业使用率的 3 倍。

表 4-17 是美国、韩国的农业工业服务业对生产性服务的使用率。与美国、韩国相比较，中国服务业对生产性服务的使用率比韩国低 6.47 个百分比，比美国低 9.85 个百分比；中国工业对生产性服务的使用率与韩国基本接近，比美国低 9.27 个百分比；中国农业对生产性服务的使用率比韩国低 2.17 个百分比，比美国低 8.24 个百分比。可见中国三次产业对生产性服务的使用还是相对低的，这主要是中国对生产性服务的需求供给两方面的不足造成的。

表 4-16　农业工业服务业对生产性服务的使用率　　（单位：%）

年份	农业	工业	服务业
1981	3.2	9.4	11.4
1983	3.4	8.7	12.8
1987	4.0	11.8	14.1
1990	3.6	8.1	14.6
1992	6.0	13.3	19.9
1995	5.7	10.5	17.4
1997	5.3	9.6	19.0
2000	6.2	10.3	20.4
2002	7.9	12.9	18.3
2005	7.0	12.3	20.5

表 4-17　2005 年美国、韩国的农业工业服务业对生产性服务的使用率（单位：%）

行业	农业	工业	服务业
韩国	9.17	12.04	26.97
美国	15.24	21.57	30.35

2. 农业工业服务业对生产性服务具体行业的使用率

进一步分析三次产业对生产性服务的具体行业的使用率（见表 4-18），其中 2005 年农业使用最多的生产性服务部门是运输邮电业，其余依次是批发零售贸易、住宿和餐饮业，金融保险业，其他服务业，房地产业、租赁和商务服务业。而 2002 年农业使用最多的生产性服务部门是批发零售贸易、住宿和餐饮业；2005 年工业使用的生产性服务部门依次是运输邮电业，批发零售贸易、住宿和餐饮业，房地产业、租赁和商务服务业，其他服务业，金融保险业。而 2002 年工业使用最多的生产性服务部门是批发零售贸易、住宿和餐饮业；2005 年服务使用的生产性服务业部门依次是运输邮电业，批发零售贸易、住宿和餐饮业，房地产业、租赁和商务服务业，其他服务业，金融保险业。而 2002 年服务业使用最多的生产性服务部门是房地产业、租赁和商务服务业。从以上分析可以看出，运输邮电业，批发零售贸易、住宿和餐饮业为三次产业提供的中间服务占了全部中间服务的大多数。同时房地产业、租赁和商务服务业对服务业的中间服务占比有所下降。此外，包含专业服务、综合科技服务等在内的其他服务业的比例较低，但有逐年缓慢上升的趋势。

表 4-18　农业工业服务业对生产性服务具体行业的使用率　（单位：%）

年份	农业		工业		服务业	
	2002	2005	2002	2005	2002	2005
生产性服务业合计	7.9	7.0	12.9	12.3	18.3	20.5
运输邮电业	2.2	2.3	3.4	4.6	3.6	6.4
批发零售贸易、住宿和餐饮业	2.8	2.2	4.7	3.8	4.3	4.8
房地产业、租赁和商务服务业	0.4	0.3	2.6	1.5	4.9	3.8
金融保险业	1.6	1.1	1.2	1.0	3.5	2.6
其他服务业	1.0	1.1	1.1	1.3	2.1	2.9

4.4 中国生产性服务贸易现状

4.4.1 中国生产性服务贸易现状

利用服务的中间投入率,本书测算出生产性服务贸易的出口额(见表 4-19)。中国生产性服务贸易出口额 1983 年为 20.24 亿美元,1992 年突破 100 亿美元,达到 131.1 亿美元;2005 年突破 1000 亿美元,达到 1180.23 亿美元。从 1983 年到 2005 年,生产性服务贸易出口额增长了 58 倍多,而同期的出口总额仅增长了 34 倍多,可见中国生产性服务贸易发展迅猛。从图 4-6 可以看出,生产性服务贸易出口额曲线比对外贸易出口总额曲线平缓;同时,随着时间的推移,对外贸易出口总额与生产性服务贸易出口额之间的差距越来越大。这些表明生产性服务贸易虽然在原有基础上增长了很多倍,但其出口额的增幅没有对外贸易出口总额大,其发展速度也还有待提高。

表 4-19　中国对外贸易中生产性服务出口额

年份	对外贸易出口额合计(百万美元)	生产性服务贸易出口额(百万美元)
1983	24692	2024.74
1987	43670	4760.03
1990	67839	5752.75
1992	94048	13110.29
1995	167210	18744.24
1997	207296	22947.67
2000	279349	33968.84
2002	364977	53651.62
2005	835862	118023.71

注:对外贸易出口包含货物贸易和服务贸易出口额;由于投入产出表的限制,截至论文撰写时间,最新数据只能获得 2005 年数值。

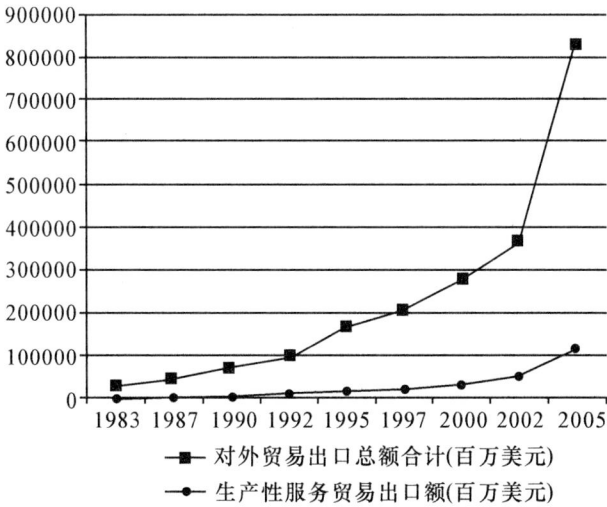

图 4-6　中国对外贸易中生产性服务出口额

表 4-20、图 4-7 显示的是美国生产性服务贸易出口额。1982 年美国生产性服务贸易为 285.73 亿美元,1995 年突破 1000 亿美元,达 1631.41 亿美元,2005 年为 3385.14 亿美元,2007 年增长到 4473.79 亿美元,26 年间增长了近 16 倍。从图 4-7 可以看出从 20 世纪 90 年代开始,美国生产性服务贸易出口曲线虽然比对外贸易出口总额曲线平缓,但两者的差距基本不变。

表 4-20　美国对外贸易中生产性服务出口额

年份	对外贸易出口总额合计(百万美元)	生产性服务贸易出口额(百万美元)
1982	267292	28573.51
1985	282308	32380.73
1990	526442	63910.06
1995	783206	163141.81
1998	920655	230624.08
1999	954856	245207.02
2000	1060008	279630.11
2001	995761	260590.65

续表

年份	对外贸易出口总额合计(百万美元)	生产性服务贸易出口额(百万美元)
2002	966312	253367.01
2003	1008944	265352.27
2004	1148705	304291.95
2005	1266423	338514.87
2006	1445298	391675.76
2007	1635159	447379.50

注:对外贸易出口包含货物贸易和服务贸易出口额。

表 4-21 表明了韩国对外贸易生产性服务贸易的出口额。1995 年韩国的生产性服务贸易出口额为 183.98 亿美元,2005 年为 594.89 亿美元。11 年仅增长了 3 倍多。

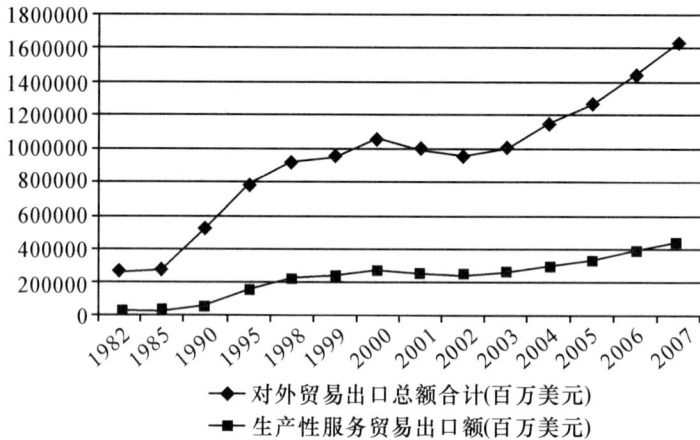

图 4-7　美国对外贸易中生产性服务出口额

表 4-21　韩国对外贸易中生产性服务出口额

年份	对外贸易出口总额合计(百万美元)	生产性服务贸易出口额(百万美元)
1995	147191	18398.88
2000	202013	36544.15
2005	328130	59489.97

　　与韩国相比,1995 年至 2000 年的这段时间内,中国的生产性服务贸易出口额大致与韩国的相当,但进入 21 世纪后,中国生产性服务贸易飞速发展,大大超过了韩国,2005 年中国的生产性服务贸易出口额已经是韩国的近 2 倍了;与美国相比,美国生产性服务贸易出口额 1995 年就突破了 1000 亿美元,而中国 2005 年才突破 1000 亿美元,晚了近 10 年。同时 2005 年中国生产性服务贸易出口额仅为美国的 1/3 左右。可见中国生产性服务贸易虽然有了长足的进展,但是与发达国家相比,还有不少差距。

4.4.2　中国货物贸易与服务贸易中生产性服务投入分析

　　本书认为农业工业产品为货物贸易出口,服务业产品为服务贸易出口。因此货物贸易出口中服务的中间投入等于农业工业对服务业的中间使用率乘以货物贸易出口额,服务贸易出口中服务的中间投入等于服务业对服务的中间使用率乘以服务贸易出口额。将中国货物贸易与服务贸易中的生产性服务投入进行比较,第一,两者的服务的中间投入都在不断增长,且增长倍数也非常接近,都是 8 倍多;第二,两者的服务的中间投入之比先降后升。从 1992 年到 1997 年,货物贸易生产性服务投入对服务贸易的倍数从 5 倍多下降到 3 倍多,从 1997 年到 2005 年,货物贸易生产性服务投入对服务贸易的倍数又从 3 倍多升到近 6 倍(见表 4-22)。上文中分析了农业工业服务业对服务的中间使用,由于 1997 年工业对服务业的中间使用率急剧下降,随后又上升,而农业对服务业的中间使用率比较低,货物贸易中生产性服务的投入主要由工业对服务业的中间使用率决定,因此货物贸易中生产性服务投入先下降,后上升。

表 4-22　中国货物贸易与服务贸易中服务中间投入即生产性服务投入之比

年份	货物贸易出口额（百万美元）	货物贸易出口中服务的中间投入（百万美元）	服务贸易出口额（百万美元）	服务贸易出口中服务的中间投入（百万美元）	货物贸易与服务贸易中生产性服务投入之比
1992	84940	10168.68	9108	1812.49	5 61/100
1995	148780	14426.63	18430	3206.82	4 50/100
1997	182792	16324.29	24504	4655.76	3 51/100
2000	249203	24281.29	30146	6149.78	3 95/100
2002	325596	40036.51	39381	7206.72	5 56/100
2005	761953	89405.73	73909	15151.35	5 90/100

表 4-23 是美国的货物贸易与服务贸易的生产性服务投入。与美国相比,美国货物贸易出口中的生产性服务投入是 2005 年中国货物贸易中生产性服务投入的 3 倍多,服务贸易出口的生产性服务投入是 2005 年中国服务贸易中生产性服务投入的 9 倍多。美国货物贸易与服务贸易中生产性服务投入之比为 1.64∶1,而中国最低的时候是 3.51∶1,并有逐年增加的趋势。因此,中国服务贸易中的生产性服务投入还偏低。

表 4-23　美国货物贸易与服务贸易中服务中间投入即生产性服务投入之比

年份	货物贸易 出口额 (百万美元)	货物贸易出口中 服务的中间投入 (百万美元)	服务贸易 出口额 (百万美元)	服务贸易出口中 服务的中间投入 (百万美元)	货物贸易与服务 贸易中生产性 服务投入之比
2007	1162479	243038.65	472680	148296.04	1 64/100

表 4-24 是韩国的货物贸易与服务贸易的生产性服务投入。与韩国相比,中国货物贸易出口中的生产性服务投入是韩国货物贸易中生产性服务投入的 3 倍左右,服务贸易出口的生产性服务投入是韩国服务贸易中生产性服务投入的 1 倍多。这主要是中国货物贸易和服务贸易的出口规模都比韩国要大。

表 4-24　韩国货物贸易与服务贸易中服务中间投入即生产性服务投入之比

年份	货物贸易 出口额 (百万美元)	货物贸易出口中 服务的中间投入 (百万美元)	服务贸易 出口额 (百万美元)	服务贸易出口中 服务的中间投入 (百万美元)	货物贸易与服务 贸易中生产性服 务投入之比
2005	284419	33944.31	43711	11790.81	2 88/100

4.5　中国生产性服务业参与垂直专业化国际分工的水平

本书利用服务业垂直专业贸易份额来衡量中国生产性服务业参与国际分工的水平(见表 4-25)。从服务业整体水平上看,中国服务业 1995 年垂直专业贸易份额为 0.070%,2000 年增长到 0.078%,2002 年快速上升到 0.584%,上升了 7 倍多,2005 年又降到 0.426%。2002 年服务业垂直专业贸易份额的快速上升与中国加入 WTO,扩大了服务贸易的开放度密切相关。这一方面解释了中国加入 WTO 后服务贸易的高速增长,另一方面反映了中国参与国际经济的程度在不断加深。

在中国各服务部门中,酒店餐饮业在 1995 年时垂直专业化份额最高,达到 67.143%,随后不断下降,到 2005 年下降到 12.676%;道路与管道运输业 1995 年占比 30%,随后缓慢增长,到 2005 年上升到 48.826%;邮电业、金融保险业的垂直专业化份额从 1995 年开始缓慢下降,到 2005 年分别降到 0.794% 和 0.469%;其他商务服务业与其他社区、社会及个人服务业的垂直专业化份额都从无开始,到 2005 年分别上升到 13.146%,24.413%。从表 4-25 中还可以得知,根据 OECD 划分的服务业部门,中国的批发零售业,水上运输业,航空运输业,辅助运输活动及旅行社活动,房地产业,机器设备租赁业,计算机及相关服务业,公共管理与社会保障业,教育行业,研发业,健康与社会工作服务业,被境外组织或个人雇佣的私人家庭服务等 12 个服务行业的垂直专业化贸易份额为零。表明中国绝大多数服务行业还未融入全球价值链中,服务行业参与国际分工的水平低。这主要是因为中国服务业竞争能力低,在世界服务市场上占有的进出口份额很低。

表 4-25 中国各服务部门垂直专业化贸易份额 (单位:%)

服务 行业	1995		2000		2002		2005	
	垂直专业化份额	占服务业比重	垂直专业化份额	占服务业比重	垂直专业化份额	占服务业比重	垂直专业化份额	占服务业比重
批发零售业	0	0	0	0	0	0	0	0
酒店餐饮业	0.047	67.143	0.033	42.308	0.001	0.171	0.054	12.676
道路与管道运输业	0.021	30.000	0.042	53.846	0.017	2.911	0.208	48.826
水上运输业	0	0	0	0	0.017	2.911	0	0
航空运输业	0	0	0	0	0.030	5.137	0	0
辅助运输活动及旅行社活动	0	0	0	0	0	0	0	0
邮电业	0.001	1.429	0.002	2.564	0.002	0.342	0.003	0.704
金融保险业	0.001	1.429	0.002	2.564	0.003	0.514	0.002	0.469
房地产业	0	0	0	0	0	0	0	0
机器设备租赁业	0	0	0	0	0	0	0	0
计算机及相关服务业	0	0	0	0	0.002	0.342	0	0
研发业	0	0	0	0	0	0	0	0
其他商务服务业	0	0	0	0	0.263	45.034	0.056	13.146

续表

服务 行业	1995		2000		2002		2005	
	垂直专业化份额	占服务业比重	垂直专业化份额	占服务业比重	垂直专业化份额	占服务业比重	垂直专业化份额	占服务业比重
公共管理与社会保障业	0	0	0	0	0	0	0	0
教育行业	0	0	0	0	0	0	0	0
健康与社会工作服务业	0	0	0	0	0	0	0	0
其他社区、社会及个人服务业	0	0	0	0	0.249	42.637	0.104	24.413
被境外组织或个人雇用的私人家庭服务	0	0	0	0	0	0	0	0
服务业汇总	0.070	100.000	0.078	100.000	0.584	100.000	0.426	100.000

注:该表数据来自 OECD 发布的 1995、2000、2002、2005 年中国投入产出表。

图 4-8 表明中国各服务行业垂直专业化份额变化。酒店餐饮业,道路与管道运输业,邮电业,其他商务服务业,其他社区、社会及个人服务业等服务行业在 1995—2000 年变化平缓,2000—2005 年有所增减,幅度大于前一阶段。这是由于中国加入 WTO 开放服务行业后,各服务行业参与国际分工的程度受世界市场的影响而波动。

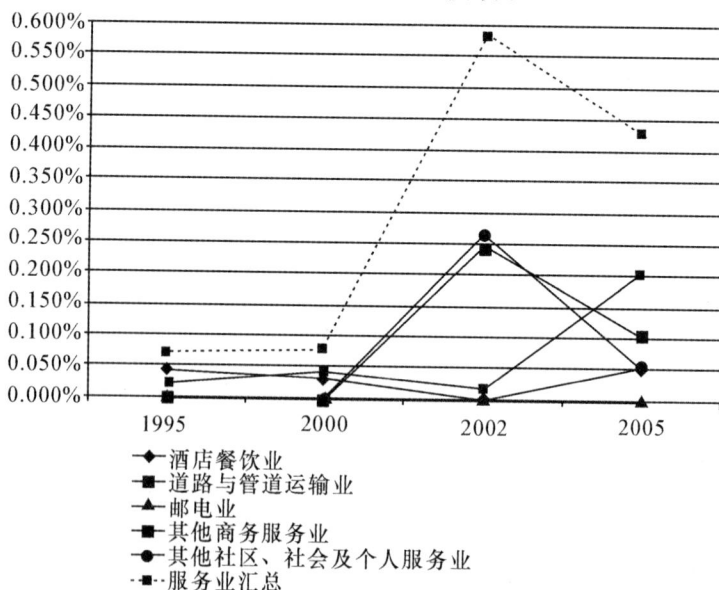

图 4-8　中国各服务行业垂直专业化份额变化图

　　表 4-26 是中国服务业（未包括台湾省）与澳大利亚、丹麦、德国、荷兰、美国、加拿大、法国、日本、英国、爱尔兰、墨西哥、韩国等国及与中国台湾地区的垂直专业化份额的比较。发达国家的垂直专业化份额基本上都在 0.1 以上（除个别年份外），最高值是荷兰 1981 年的垂直专业化份额为 0.446。1995 年以后的中国制造业（未包括台湾省）垂直专业份额平均也能达到 0.153。相比之下，中国服务业（未包括台湾省）的垂直专业化份额的平均值只有 0.0029，是中国制造业垂直专业份额平均值的1/50。可见中国服务业（未包括台湾省）的垂直专业化份额与其他国家或地区、其他产业的差距太大了，还有很大的上升空间。

表 4-26　中国服务业（未包括台湾省）与其他国家或地区的出口垂直专业化程度比较

国家或地区	测算年份	垂直专业化份额最高值	垂直专业化份额最低值	垂直专业化份额平均值
澳大利亚	1968—1995	0.157(1995)	0.089(1968)	0.115
丹麦	1972—1997	0.336(1980)	0.282(1997)	0.308
德国	1978—1995	0.224(1995)	0.184(1978)	0.198
荷兰	1972—1998	0.446(1981)	0.337(1972)	0.393
美国	1972—1997	0.123(1997)	0.059(1972)	0.093
加拿大	1972—1990	0.278(1986)	0.200(1972)	0.240
法国	1972—1995	0.271(1995)	0.179(1972)	0.238
日本	1970—1997	0.187(1980)	0.110(1990)	0.132
英国	1968—1998	0.272(1998)	0.202(1968)	0.240
爱尔兰	1964—1990	0.340(1972)	0.280(1964)	0.310
墨西哥	1979—1997	0.340(1993)	0.070(1982)	0.224
韩国	1963—1995	0.360(1990)	0.260(1963)	0.322
中国台湾	1981—1994	0.400(1994)	0.370(1981)	0.385
中国制造业（未包括台湾省）	1995、1997、2000、2002、2005	0.202(2005)	0.125(1997)	0.153
中国服务业（未包括台湾省）	1995、1997、2000、2002、2005	0.00584(2002)	0.0007(1995)	0.00290

　　注：中国制造业出口垂直专业化份额计算来源于文东伟、冼国明（2009），中国服务业出口垂直专业化份额由本书计算，其余的转引自洪联英、刘解龙（2009）。

4.6 基本结论

本书采用投入—产出方法,选取发达国家——美国和新兴国家——韩国作比较,对中国生产性服务业的现状、生产性服务贸易的现状及其参与国际分工的水平进行了经验研究,通过研究本书得出以下结论:

(1)中国生产性服务业发展迅猛,不仅在增长速度上超过了国民产出和服务业总产值的增速,而且在国民经济和服务业的地位稳步上升。中国生产性服务业在整个过程是徘徊增长的,由于起步比较低,与物质投入相比,其对国民经济贡献还是比较低的。与美国相比,中国生产性服务业占国民产出的比重只有美国的一半,中国中间投入率较低。当前中国生产性服务业主要是为服务业本身和工业服务的。

(2)从生产性服务的部门构成角度分析,中国商业饮食业提供了绝大部分的中间服务。但 20 世纪 90 年代后期开始,商业饮食业占所有服务部门的比例有逐年下降趋势,而运输邮电业以及涵盖专业服务的其他服务业提供的中间服务业占所有服务部门的比例有逐年上升趋势。与美国相比,中国批发零售贸易、住宿和餐饮业,运输邮电业等传统劳动密集型产业提供的中间服务占所有服务部门的比重较高,而具备较高技术和知识的其他服务业提供的中间服务比重较低。

(3)中国服务业的中间需求率比美国和韩国都高,表明中国服务业的中间需求旺盛。具体而言,运输邮电业和商业饮食业的中间需求最高,其次是公共事业及居民服务,金融保险业,最低的是其他服务业。运输邮电业,商业饮食业,公共事业及居民服务业,金融保险业,房地产业、租赁和商务服务业以及其他服务部门等部门是以工业和服务业的中间需求为主。其中工业对运输邮电业,商业饮食业,其他服务业中的中间需求高于或略高于服务的中间需求,服务业对公共事业及居民服务业,租赁和商务服务业,金融保险业中的中间需求高于或略高于工业的中间需求。服务业具体部门对运输邮电业、金融保险业等服务业的投入率最高,对建筑业等工业的投入次之,对农业的投入最低。

(4)农业、工业、服务业对生产性服务的使用率在总体趋势上是不断增加的,其中增长速度最快的是农业对生产性服务的使用率,其次是服务业,最后是工业。从产业使用层面上看,各年份中服务业对生产性服务业的使用率最高;运输邮电业,批发零售贸易、住宿和餐饮业为三次产业提供的中间服务占了全部中间服务的大多数。同时,房地产业、租赁和商务服务业对服务业的中间服务占比有所下降。此外,包含专业服务、综合科技服务等在内的其他服务业的比例较低,但有逐年缓慢上升的趋势。

(5)从20世纪90年代开始,中国生产性服务贸易增长的倍数较高,但由于原来基础薄弱,与美国相比,中国生产性服务贸易出口额仅为美国的1/3左右。因此,虽然中国生产性服务贸易有了长足进展,但是与发达国家相比,仍有很大差距。

(6)中国货物贸易中生产性服务的投入比服务贸易中生产性服务投入要大得多。与美国相比,中国服务贸易中的生产性服务投入还偏低。

(7)通过垂直专业化贸易份额指标显示,中国绝大多数服务行业还未融入全球价值链中,服务行业参与国际分工的水平低。与发达国家相比,中国差距还很大,因此中国服务业参与国际分工的水平还有很大的上升空间。

5 中国所处全球价值链位置的演变历程

凭借廉价的劳动力和丰富的自然资源这些比较优势,中国企业以加工贸易为出口导向的发展战略,切入到由发达国家的跨国公司所主导的全球价值链的生产分工体系中低附加值、低技术含量的制造或组装环节,从而推动了中国外向型经济的发展。然而中国所处的全球价值链位置到底是什么程度,和其他国家的差距到底有哪些,本章通过定量的指标分析从 1998 年到 2010 年中国所处的全球价值链位置的演变历程,并通过与其他 11 个经济较发达国家、37 个经济欠发达国家进行深入比较研究。

5.1 发展中国家在全球价值链中发展现状分析

发展中国家的企业通过承接来自全球价值链中的外包参与到世界市场,使得发展中国家的企业有机会通过各种渠道接触发达国家比较先进的产品设计、研发、创意、营销,技术服务,咨询服务,管理组织方式等方面,通过学习效应和知识外溢效应促进了发展中国家企业管理水平和技术能力的提高。一般发达国家的发包商或者买方会根据顾客对产品样式、功能、设计、质量、颜色等方面的要求,及时提供给发展中国家的代加工企业,同时也会告知制作产品的隐形技术知识诀窍,从而提高了发展中国家代工企业的专业技术水平。有些成熟规范的跨国公司或者发包方会对一些合作关系密切及稳定的发展中国家的代工企业进行技术指导、技术培训,甚至委派自己公司的技术人员到发展中国家的工厂指导一线的工人生产,还会让发展中国家代工企业的技术人员参加产品质量改进和设计工程(Rhee,Bruce,Garry,1984)。然而,这种内嵌于外包和代工活动的技术溢出与技术转移对发展中国家的企业有显著的"隔离"和"断点"效应。当发展中国家的企业符合作为发包方的发达国家的利益时,发达国家企业会进行技术外溢和转移,这时发展中国家的企业能享受到以产品升级和工艺升级为内涵特征的显著外溢效应;但当其不符合发达国家的利益时,发达国家就会"阻断"和"隔离"技术转移,这时,作为代工方的发展中国家就无法实现工艺升级到产品升级到功能升级再到链条跨部门升级的不断升级过程,更无法攀升全球价值链的高端环节。因此在现实国际贸易格局下,发展中国家通过代工的方式很难实现在全球价值链中的高端攀升和产业的升级。发展中国家包括中国在内必须清楚地认识到这一困境以及在全球价值链中所处的位置,培育出高级要素的条件,才能不断攀升价值链的高端。

5.2 衡量指标

要直接准确衡量一国所处的价值链的位置是非常难,因为不同产品的价值链属性存在或多或少的差异,一国的产品又有无数多;并且研发、设计、营销等非生产性的价值链位置也难以具体量化。所以本书借鉴唐海燕,张会清(2009)的研究思路,选取出口商品结构的相似性指数(Export Similarity Index,简称 ESI)间接衡量一国的产品所处的价值链位置。在全球分工的背景下,多个国家共同合作完成某一产品,各国对该产品的贡献反映在产品各环节的价值的增值,反过来该国出口商品包含的劳动技能、知识投入、技术创新等方面的投入能体现该国所处的全球价值链的位置。一国出口商品越复杂就表明该国所处的价值链位置越高,因此考察一国的出口商品构成成为该国所处价值链的位置的间接证据。

5.2.1 衡量指标

出口相似性指数(ESI)最早是 Mac Dougall(1952)测量美国和英国

出口结构的相似程度的。该指数通过测算这两个国家进口的产品替代弹性(product elasticity of substitution)和加总替代弹性(aggregate elasticity of substitution)的比例而获得。由于计算方法复杂,该方法很少被使用。Finger & Kreinin(1979年)提出了相似指数的另外一种计算方法,即计算两个国家在第三市场单个产品中出口份额最低的加总总数。由于该计算方法以出口数据为基础,并且计算方法简单,因此被 Schott(2006)等人应用而广泛使用。

ESI 用于衡量任何两国或两组国家在第三市场或者世界市场上的出口产品的相似程度。ESI 取值范围在[0,100],指数值越高,表明本国与参照国之间的出口结构越相似,越接近全球价值链的高端环节;反之,则表明该国所处的价值链的位置较低。ESI 可以分别从出口产品和市场两个方面分析,本书以出口产品结构来计算出口相似程度。其计算方法如下:

$$\text{ESI}_{i,t} = \sum_{j=1}^{n} \text{Min} \, | \, S_{i,j,t}, S_{r,j,t} \, |$$

式中 S 表示某一商品在出口总量中所占的比重,下标 i 表示发展中国家,r 表示参照国家,j 表示出口商品,t 表示年份。假设国家 L 有三种出口商品 a、b、c,各占比 0.5、0.3、0.2,国家 M 有三种出口商品 b、c、d,各占比 0.5,0.3,0.2,参照国 H 有三种出口商品 c、d、e,各占比 0.5,0.3,0.2,则国家 L 和参照国 H 都有出口商品 c,$\text{ESI}_{\text{LH}} = \text{Min}(0.2,0.5) = 0.2$;国家 M 和参照国 H 都有出口商品 c、d,$\text{ESI}_{\text{LH}} = \sum [\text{Min}(0.3,0.5) + \text{Min}(0.2,0.3)] = 0.5$。

Wang & Wei(2010)则定义了出口非相似性指数(export dissimilarity index,EDI):

$$\text{EDI}_{it} = 100 \left(\sum_i | \, s_{i,j,t} - s_{i,r,t} \, | \right)$$

其中 EDI 指数与 ESI 指数相反,EDI 值越大,则出口结构越不相似,两者的对应关系如下:

$$\text{ESI}_{it} = (200 - \text{EDI}_{it})/2$$

结合本书的研究目标,采用 ESI 指标具有两大优势:第一,ESI 的原理清晰,计算简便;第二,ESI 属于相对合成指标,也就是该指标度量的价值链位置不受单个产品价值链属性的差异所影响,也不必对最终产品及其组成部分所含的技术成分进行划分。但该指标在度量出口结构的相似程度时，忽略了两国之间的规模效应，因此该指标只有在两国的出口规模很接近时，才能反映他们在世界市场上或者第三国市场上的竞争程度。例如 L 国的 j 产品出口份额是 0.1，H 国的 j 产品出口额是 0.2，当 L 国的 j 产品出口份额提高到 0.2，ESI 则提高 0.1；当 L 国的 j 产品出口份额继续提高，但 H 国的 j 产品出口份额保持不变，则 ESI 值不变。

此外，需要注意的是，出口产品的统计口径会对 ESI 的计算值产生较大的影响，产品统计的加总程度越高，越容易忽略产品各部件差异的影响，与实际情况出现偏差。因为出口产品是由不同技术含量的部件通过进口或者本国生产等途径组合而成的，而简单的加总高估了发展中国家出口的技术含量。为了降低这一影响，本书根据联合国的国际贸易统计分类标准，采用细分程度较高的 4 位数 SITC Rev3 代码进行统计。另外，考虑当前的价值链的国际分工主要发生在制造业部门，本书以工业制成品的出口相似性指数来反映一国所处的价值链位置，因此本书 ESI 式中的 S 为工业制成品的出口比重。

5.2.2 数据来源

Humphrey(2004)指出提升价值链的关键因素就是科学技术能力。因此，掌握领先科学技术知识的国家往往处于全球价值链的高端环节，而本书依据科技的产出能力——专利的申请数量作为衡量一国科学技术的水平。根据欧洲专利局 1999—2010 年的统计数据：美国、日本、德国向欧洲专利局申请的专利数量排在全球前三位。所以，本书选取美国、日本、德国作为参照国，考察中国与参照体出口商品结构的相似程度。

本书选取联合国 UN Comtrade Database 的《国际贸易标准分类》第三次修订本(SITC Rev3)四位数的产品分类的出口数据进行研究。本书选取的工业制成品指 SITC 商品构成的第 5 类至第 8 类，包括化学成品及有关产品、按原料分类的制成品、机械及运输设备、杂项制品。为了减少出口数据年度之间的波动，本书使用 1998—2000 年和 2008—2010 年的平均出口数据进行比较。根据各个国家在国际贸易格局中的占比情况、数据的可获取性以及与中国经济发展的相似程度，剔除了产油国家，本书分别选取了 11 个经济较发达国家和 38 个经济欠发达国家作为研究对象。11 个经济较发达国家是：日本、德国、英国、法国、意大利、加拿大、瑞士、荷兰、芬兰、挪威、澳大利亚；38 个经济欠发达国家分别是：拉脱维亚、约旦、罗马尼亚、印度、立陶宛、中国、突尼斯、印度尼西亚、越南、波兰、泰国、哈萨克斯坦、哥斯达黎加、匈牙利、厄瓜多尔、巴基斯坦、俄罗斯、捷克、马来西亚、乌克兰、克罗地亚、埃及、爱沙尼亚、巴西、玻利维亚、哥伦比亚、摩洛哥、菲律宾、保加利亚、秘鲁、墨西哥、阿根廷、阿尔及利亚、奥地利、土耳其、白俄罗斯、智利、委内瑞拉。以上各国贸易出口数据来源于联合国商品贸易统计数据库（UN Comtrade Database：http://comtrade. un. org/db/dqQuickQuery. aspx）

5.3　中国在全球价值链位置的演变历程

5.3.1　中国 ESI 计算结果和分析

根据上文的计算方法及本书收集整理的数据，表 5-1 为基于 SITC Rev. 3 四位数产品分类的中国与美国的出口相似程度的计算结果。

从表 5-1 可以看出，2010 年，中国与美国、日本、德国的出口相似性指数分别为 34.76%，35.30%，36.05%，其中中国与德国的出口相似度最大，但 1998—2010 年，中国与美国、日本、德国的出口相似性指数的平均值分别为 34.11%，32.94%，33.84%，从平均值来看，其中中国与美国的出口相似度最大；1998—2010 年，中国与美国、日本、德国的出口相似性指数增长率的平均值分别是 1.13%，3.12%，1.55%。

表 5-1　基于 SITC Rev. 3 四位数产品分类的中国与美国、日本、德国的出口相似程度

（单位：%）

年份	中国与美国的出口相似性		中国与日本的出口相似性		中国与德国的出口相似性	
	ESI_{cu}	增长率	ESI_{cj}	增长率	ESI_{cg}	增长率
1998	30.49	—	30.12	—	30.11	—
1999	32.06	5.16	32.24	7.01	30.77	2.18
2000	33.81	5.43	33.56	4.12	31.68	2.97

续表

年份	中国与美国的出口相似性		中国与日本的出口相似性		中国与德国的出口相似性	
	ESI_{cu}	增长率	ESI_{cj}	增长率	ESI_{cg}	增长率
2001	34.37	1.65	25.27	−24.72	33.01	4.18
2002	33.91	−1.32	33.91	34.23	33.38	1.12
2003	33.64	−0.80	24.23	−28.55	32.04	−3.99
2004	34.53	2.64	34.95	44.24	33.17	3.51
2005	35.52	2.86	35.39	1.26	35.08	5.74
2006	36.18	1.87	36.06	1.90	36.47	3.97
2007	34.90	−3.55	35.08	−2.74	36.34	−0.34
2008	34.68	−0.62	36.36	3.66	36.58	0.66
2009	34.58	−0.30	35.75	−1.68	35.20	−3.78
2010	34.76	0.54	35.30	−1.27	36.05	2.41
平均值	34.11	1.13	32.94	3.12	33.84	1.55

资料来源:根据联合国商品贸易统计数据库(UN Comtrade Database)数据计算。

根据中国与美国、日本、德国三国的比较,从最新数据 2010 年看,中国与德国的出口相似性指数比中国与美国的出口相似性指数高 1.29 个百分比,但从 1998—2010 年的 13 年数据平均来看,中国与美国的出口相似性指数比中国与德国的出口相似性指数高 0.27 个百分比,可见在 20世纪末期中国与美国的出口结构相似度较大,但随着时间推移,中国与德国的出口结构相似度越来越接近。不可忽略的是,从 2004 年起,中国与日本的出口相似度指数也徘徊增长。

5.3.2　中国与各国 ESI 的比较

本书选取了 49 个国家,计算了这些国家与美国的出口相似程度,1998—2000 年的计算结果如表 5-2 所示,2008—2010 年的计算结果如表 5-3 所示。

从表 5-2 中可以得知,在 1998—2000 年间,阿尔及利亚与美国的出口相似程度最低,拉脱维亚与美国的出口相似程度最高;经济较发达的国家与美国的出口相似程度普遍比经济欠发达国家与美国的出口相似程度高;在 49 个国家中,中国排名 33,可见中国与美国的出口相似程度比大多数经济欠发达国家的出口相似程度高,但比经济较发达国家与美国的出口相似程度低,其中中国与美国的出口相似程度比法国与美国的出口相似程度低 24.74%,比拉脱维亚与美国的出口相似程度低 48.79%。

表 5-2　1998—2000 年各国 ESI 指标值　　　　（单位:%）

国家 ＼ 年份	1998	1999	2000	1998—2000 年平均值
阿尔及利亚	0.96	1.25	0.86	1.02
哈萨克斯坦	4.61	4.41	3.92	4.31
厄瓜多尔	6.36	5.42	5.81	5.86
巴基斯坦	5.65	6.18	6.22	6.02
秘鲁	7.03	6.69	6.95	6.89
委内瑞拉	9.91	6.29	5.17	7.12
埃及	7.58	7.28	6.91	7.26
摩洛哥	9.13	9.96	9.10	9.40
智利	9.95	9.68	8.74	9.46
玻利维亚	11.22	10.82	8.60	10.21
越南	/	/	12.09	12.09
俄罗斯	14.47	13.64	12.57	13.56
突尼斯	14.05	13.27	13.99	13.77
哥伦比亚	14.86	13.48	15.24	14.53
乌克兰	18.58	16.97	16.80	17.45
挪威	20.33	18.10	14.00	17.48
保加利亚	19.38	18.89	17.61	18.63
印度	18.33	19.22	20.05	19.20
印度尼西亚	15.62	19.54	22.69	19.28
哥斯达黎加	23.04	16.91	18.45	19.46
罗马尼亚	18.93	19.93	22.53	20.46
阿根廷	19.92	21.11	20.73	20.59

续表

国家 ＼ 年份	1998	1999	2000	1998—2000 年平均值
约旦	11.36	23.75	27.14	20.75
立陶宛	21.95	21.12	20.66	21.24
澳大利亚	21.34	22.79	20.60	21.58
克罗地亚	23.51	22.75	22.21	22.83
土耳其	20.50	24.26	25.25	23.34
白俄罗斯	25.80	23.11	21.28	23.40
菲律宾	23.30	24.81	27.23	25.11
爱沙尼亚	26.27	25.05	24.09	25.14
巴西	28.49	28.53	29.27	28.76
芬兰	32.94	32.48	30.55	31.99
中国	30.49	32.06	33.81	32.12
波兰	33.07	32.82	34.08	33.32
马来西亚	32.78	33.97	35.11	33.95
泰国	32.57	34.91	37.68	35.05
匈牙利	35.46	35.93	38.15	36.51
瑞士	37.92	38.74	39.32	38.66
加拿大	39.61	39.01	38.59	39.07
墨西哥	42.14	42.00	41.68	41.94
捷克	42.37	42.21	41.33	41.97
奥地利	44.84	44.63	45.35	44.94
意大利	44.95	44.80	45.64	45.13
荷兰	46.81	46.84	42.54	45.39
日本	50.78	51.69	53.97	52.15
德国	54.41	55.33	55.73	55.16
英国	58.65	57.50	53.17	56.44
法国	56.67	57.68	56.23	56.86
拉脱维亚	81.19	78.60	82.94	80.91

资料来源:根据联合国商品贸易统计数据库(UN Comtrade Database)数据计算;"/"表示该数据缺省。

经过 10 年的发展,全球价值链的分工格局没有改变,仍然是经济较发达国家占据高端环节,发展中国家位居低端环节;在 49 个国家中,中国排名 35,提升了 2 位。中国与美国的出口相似程度比法国与美国的出口相似程度低 13.30%,与经济较发达国家的差距也有所缩小,可见中国在全球价值链的位置有所提高。

表 5-3   2008—2010 年各国 ESI 指标值   (单位:%)

国家 \ 年份	2008	2009	2010	2008—2010 年平均值
阿尔及利亚	0.61	0.58	0.52	0.57
委内瑞拉	2.18	1.43	/	1.80
玻利维亚	2.40	2.40	2.63	2.47
哈萨克斯坦	3.50	2.79	1.60	2.63
秘鲁	5.96	6.27	5.00	5.74
厄瓜多尔	5.22	5.92	7.02	6.05
智利	6.88	6.69	/	6.78
巴基斯坦	8.38	9.37	8.87	8.88
俄罗斯	9.06	9.09	8.51	8.88
摩洛哥	9.41	12.05	10.78	10.75
埃及	11.05	11.86	11.67	11.52
挪威	12.78	14.63	13.15	13.52
澳大利亚	14.60	13.99	12.28	13.63
哥伦比亚	14.75	14.57	12.03	13.78
越南	15.30	15.99	/	15.64
白俄罗斯	16.93	16.86	18.34	17.38
突尼斯	17.05	19.24	/	18.14
印度尼西亚	18.31	18.36	17.82	18.16
乌克兰	18.77	18.79	17.81	18.46
哥斯达黎加	20.29	18.41	20.66	19.79
阿根廷	20.91	18.91	/	19.91
约旦	20.28	21.86	18.37	20.17
菲律宾	20.35	21.12	20.76	20.74

国家 \ 年份	2008	2009	2010	2008—2010 年平均值
保加利亚	22.02	23.09	23.11	22.74
巴西	27.24	23.61	22.72	24.53
克罗地亚	25.91	25.58	23.98	25.16
印度	25.43	25.90	/	25.67
立陶宛	26.40	24.96	26.56	25.97
爱沙尼亚	26.98	26.16	25.46	26.20
土耳其	27.06	26.11	27.95	27.04
马来西亚	26.40	28.64	28.40	27.82
罗马尼亚	29.39	29.75	30.50	29.88
芬兰	32.96	31.60	32.50	32.35
加拿大	35.66	33.93	31.61	33.74
中国	34.68	34.58	34.76	34.67
瑞士	35.72	34.86	34.16	34.92
墨西哥	35.39	34.77	34.91	35.02
匈牙利	35.43	34.83	35.23	35.16
波兰	36.65	34.88	/	35.76
泰国	36.99	35.60	36.42	36.34
荷兰	36.92	38.16	/	37.54
捷克	40.43	39.19	39.96	39.86
意大利	41.58	41.76	42.08	41.81
日本	43.58	42.61	43.06	43.08
奥地利	43.74	43.02	/	43.38
英国	48.59	46.32	45.31	46.74
法国	51.86	46.10	45.97	47.97
德国	51.75	49.26	50.15	50.39
拉脱维亚	69.69	66.12	/	67.90

资料来源:根据联合国商品贸易统计数据库(UN Comtrade Database)数据计算;"/"表示该数据缺省。

根据表 5-2 计算的 1998—2000 年各国 ESI 平均值与表 5-3 的

2008—2010 年各国 ESI 平均值对比后，其变化值如表 5-4 所示，直观图如图 5-1 所示。49 个国家中，有 12 个国家实现了价值链的提升，占所有样本国家总数的 24.49％，有 37 个国家的价值链位置出现了下滑，占所有样本国家总数的 75.51％；在实现价值链提升的国家中，除了加拿大、芬兰以外，其他都是经济欠发达国家，可见经济欠发达国家发展势头迅猛；其中巴西的价值链提升速度最快，其出口相似性指数增长了 10.26％，中国的出口相似性指数也有小幅提高，增速为 2.24％，在表 5-4 中排名第 8。

表 5-4　20 世纪末与 21 世纪初各国 ESI 的变化值　　　　（单位：％）

国家	变化值
巴西	2.95
立陶宛	2.57
克罗地亚	2.33
印度	2.33
土耳其	1.90
保加利亚	1.49
爱沙尼亚	1.09
中国	0.72
摩洛哥	0.53
加拿大	0.41
哥斯达黎加	0.32
芬兰	0.23
菲律宾	−0.01
挪威	−0.04
白俄罗斯	−0.10
瑞士	−0.14
澳大利亚	−0.15
约旦	−0.42
阿尔及利亚	−0.45

国家	变化值
智利	−0.48
突尼斯	−0.48
巴基斯坦	−0.52
阿根廷	−0.55
埃及	−0.56
俄罗斯	−0.57
哥伦比亚	−0.75
乌克兰	−0.82
马来西亚	−0.95
印度尼西亚	−1.04
厄瓜多尔	−1.07
秘鲁	−1.15
墨西哥	−1.49
越南	−1.81
罗马尼亚	−2.10
日本	−2.31
委内瑞拉	−2.51
波兰	−3.30
意大利	−3.32
哈萨克斯坦	−3.39
玻利维亚	−3.39
匈牙利	−3.49
荷兰	−4.43
捷克	−5.08
泰国	−5.60
德国	−6.47
英国	−8.42
法国	−8.47
奥地利	−8.76
拉脱维亚	−13.01

如图 5-1 所示,将 21 世纪末与 20 世纪初的 ESI 进行对比,在样本国家里,75％以上的国家的价值链位置出现了下滑,且下滑幅度大于价值链提升国家的上升幅度。

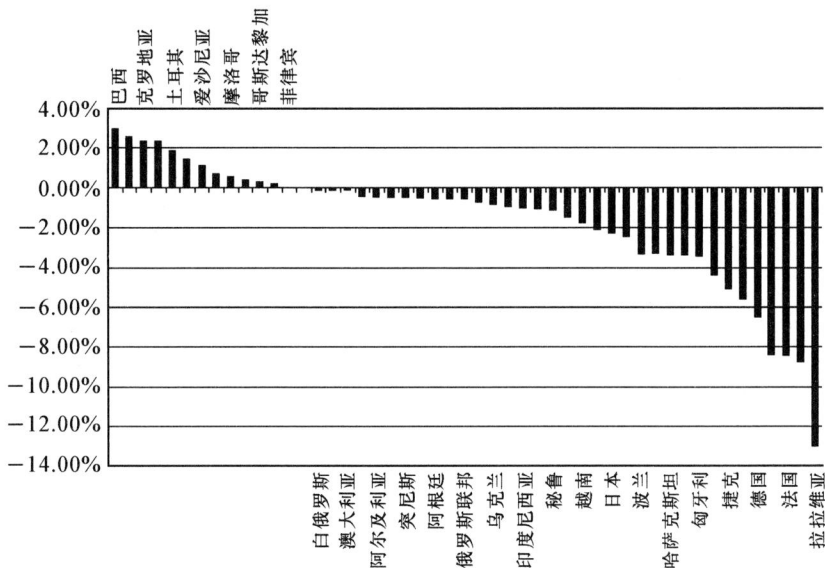

图 5-1　20 世纪末与 21 世纪初各国 ESI 变化值

本章通过测算 1998 年到 2010 年间中国出口相似性指数,以及其他 38 个国家 20 世纪末和 21 世纪初的出口相似性指数,得出以下结论:全球价值链分工的格局以经济发达国家占据高端环节,经济欠发达国家位居低端环节;经过 10 年的发展,除加拿大、芬兰以外,价值链位置提升的国家都是经济欠发达国家,经济欠发达国家融入全球价值链的势头迅猛,而经济发达国家的价值链位置大多出现了下滑;根据中国与美国、日本、德国三国的比较,在 20 世纪末期中国与美国的出口结构相似度较大,但随着时间推移,中国与德国的出口结构相似度越来越接近。不可忽略的是,从 2004 年起,中国与日本的出口相似度指数也徘徊增长;在样本国家中,中国与美国的出口相似程度比大多数经济欠发达国家的出口相似程度高,但比经济较发达国家与美国的出口相似程度低;经过 10 年发展,中国出口相似性指数也有小幅提高,全球价值链位置上升 2 位。

6　中国生产性服务贸易发展与价值链提升的实证分析

　　刘志彪等人(2006)研究指出,中国制造业在国际产业分工链中处于较低的附加值环节,其技术经济特征就是对资源高强度消耗和高密集度使用,因此这给资源、环境造成很大的压力。如不尽快实现价值链的升级,一旦丧失了资源和劳动的比较优势,中国制造业竞争力将飞速下降。中国制造业在攀升全球价值链时面临的困境有很多原因,但最重要的是没有利用生产性服务业这些"高级要素"投入来提升价值链。因此研究生产性服务贸易如何促使中国的制造业所处的全球价值链地位的提升是一个迫在眉睫的课题。

　　本章主要在生产性服务贸易与价值链提升的理论模型的基础上,探讨生产性服务贸易如何影响中国这些发展中国家攀升全球价值链的,通过哪些方面,其作用机理又如何,并利用中国数据实证分析以上问题。

6.1　发展中国家生产性服务贸易提升全球价值链位置的内在机理

　　生产性服务贸易作为全球价值链中间投入的服务,是由那些与知识的生产、技术传播与使用密切联系的相关行业组成的,如信息通讯、金融保险、研发服务、交通运输、商务服务(包括营销活动、售后服务、咨询服务、管理服务、知识产权服务等),这些行业往往占据着全球价值链的核心和高端环节。其中积累人力资源、创立品牌和销售终端渠道、掌握自主的研发创新能力是全球价值链附加值最高的环节,发展中国家只有培育了这些高级要素条件,改善了服务质量,培育了制度环境,并通过技术转移和技术外溢吸收利用发达国家的先进要素,才有可能实现在全球市场工艺升级到产品升级到功能升级再到链条跨部门升级的不断升级过程,从而占据全球价值链的高端环节。生产性服务贸易对发展中国家企业攀升全球价值链的作用,本章根据第三章的理论模型,归纳为以下三个机理:

机理1:以熟练劳动力投入数量为代表的人力资源积累有利于提升发展中国家在全球价值链中的位置,而非熟练劳动力投入数量的增加阻碍发展中国家在全球价值链中的位置。

廉价的劳动力成本是发展中国家的比较优势,但劳动力的生产率却很低。以中国为例,按现行汇率折算的中国国有制造业企业职工的周工资是22.35美元,仅相当于泰国的38.33%,马来西亚的28.7%,韩国的9.2%,美、日、德的4%左右以及中国台湾的6.8%,中国香港的5.1%,但美、日、德等国家的劳动生产率分别是中国的17.36倍、18.68倍和13.66倍。因此,从单位产品的劳动力成本来看,美、日等国以及中国台湾的6.8%,中国香港的5.1%,比中国要高20%～30%。此外中国的劳动力还面临两方面的压力:一是来自劳动力价格更低廉的国家或地区,如菲律宾、墨西哥、智利、印度、玻利维亚、土耳其等国的竞争;二是发达国家生产自动化水平的提高,从而减少对劳动力的需求。众所周知,一国的劳动力成本优势除了与该国或地区的平均工资相关,还和这个国家或地区的劳动力平均接受教育程度、技能或技术水平、专业职业素养等方面有关。因此一味地压低劳动力的工资不是提高劳动力竞争力的明智之举。

人力资本具备独一无二的主观能动性,企业生产工艺的改进、技术水平的提高、经验的积累、管理水平的提高,都依赖于人力资本的积累。在其他条件既定的情况下,通过教育、培训积累经验等方式,从各个层面对劳动力进行资本投资,提高劳动力的生产能力,增加劳动力的创造价值(诸如生产诀窍等无形资产的积累、熟练的服务能力提供),从而促使企业攀升价值链的高端。相反,非熟练劳动力的增加"挤走"了熟练劳动力,削弱了劳动生产率,降低了服务要素的供给水平,导致该国只能停留在价值链的低端环节。

机理2:一国生产的出口产品中服务投入的密集程度即生产性服务

贸易额越高,越有利于该国提升在全球价值链中的位置。

根据生产性服务贸易与价值链提升的理论模型,发展中国家提升价值链中的位置 k 与 x 产品中某部件的服务投入的密集程度即生产性服务贸易额 b 成正相关,其逻辑推论是服务中间投入比重的增加,是凸显生产性服务这一高级生产要素对企业向全球价值链中高端攀升的促进作用增强。

从投入成本的角度来看,中间投入的服务有四种途径作用于制造业:第一,服务以软件形式嵌入硬件设备,提高了装备制造产品的服务性能和知识含量,从而增强了其产品的市场竞争力;第二,在企业经营管理和资本运作中所提供的生产性服务,如融资服务、管理咨询服务、法律服务、知识产权保护服务等,对企业收购兼并扩大生产、提高生产效率、认清企业发展战略、增加市场份额等方面,都有决定性的作用;第三,生产性服务业中的研发和营销活动,有着区分竞争对手和增强产品差别化的重要作用,从而增加产品的价值,提高企业在控制市场和决定产品价格的能力;第四,通讯技术、运输服务这类生产性服务的发展,一方面促使连接国家之间、区域之间、企业之间变得更方便更容易,另一方面加速了联系成本的大大下降,因此企业连接全球生产与贸易的也更频繁,大大开拓了企业的业务。

机理 3:生产性服务质量的改善有利于提升发展中国家在全球价值链中位置。

生产性服务质量的改善指的是从投入产出角度增强中间投入服务要素本身的投入效率。只有生产性服务本身的质量有所保证,才能发挥其各种作用和效应。

6.2　计量模型与变量说明

根据上文的理论模型以及 Khan&Socoloff(2004),刘志彪(2008)等人的研究结果,初步建立的计量模型如下:

$$ESI_t = C + \alpha Human_t + \beta TPS_t + \gamma Service_t + \varepsilon$$

其中因变量 ESI_t 表示反映价值链的出口商品结构的相似性指数,C 表示截距项,自变量 $Human_t$ 表示人力资本,TPS_t 表示生产性服务贸易出口额,$Service_t$ 表示服务要素,ε 为误差项。下标 t 表示样本的年份,以中国为具体样本。

参考 Ngo(2004)等人对人力资本量化的方法,将模型中 Human$_t$ 用大学生占总人口的比重来测算,数据来源于《中国统计年鉴》以及第六次全国人口普查主要数据公报。

模型中用生产性服务贸易出口额(TPS$_t$)变量衡量出口产品中服务投入的密集程度。由于本书利用投入产出方法界定生产性服务贸易这一变量,且根据 OECD 提供的中国投入产出表是不连续的,获得 1995年、1997 年、2000 年、2002 年以及 2005 年的投入产出表。根据平新乔等人(2005)的计算方法,在投入产出表不同年份之间中间投入流量矩阵不变的假设,用现有的投入产出表的中间投入流量矩阵代替未知年份的数据。本书则用 1997 年的替代 1998 年、1999 年的数据,2000 年替代 2001年的数据,2002 年的替代 2003 年、2004 年的数据,而 2005 年的替代2006 年、2007 年、2008 年、2009 年和 2010 年的数据。测算数据选用的投入产出表来自 OECD(STAN Structural Analysis Database, ftp://indust:STANdtbs@ftp.oecd.org),服务贸易出口额数据来自 WTO Statistics database,商务部,货物贸易出口额来自《中国统计年鉴》。

服务要素(Service$_t$)变量表示服务质量。根据 Deardorff(2000)的研究,与全球价值链有关的服务要素包括交通运输、信息服务、会计法律、金融保险等专业服务的集合,需要利用合成指标才能反映服务领域的综合质量水平。借鉴 Francois&Manchin(2007),唐海燕等(2009)的方法,在网络、公路、电话、海运、航空、公路、铁路等细分项目的基础上,利用主成分法得出交通运输服务变量(Transport),其中交通运输服务变量=(交通运输、仓储和邮政业产值/国内生产总值)。交通运输、仓储和邮政业服务变量数据来源为《中国统计年鉴》。

根据上文的分析,建立计量模型为:

$$ESI_t = C + \alpha Human_t + \beta TPS_t + \gamma Transport_t + \varepsilon$$

6.3 实证结果分析

为了保证线性模型的合理性,首先分析了因变量和自变量间的相关

性,通过计算简单的相关系数进行分析。利用 Eview 6.0 计算相关系数,
如表 6-1。

表 6-1 　样本变量的相关系数矩阵

	ESI	Human	TPS	Transport
ESI	1.0000	—	—	—
Human	0.7424	1.0000	—	—
TPS	0.6159	0.9028	1.0000	—
Transport	0.1303	0.6542	0.8217	1.0000

从表中可以看出,因变量出口商品结构的相似性指数(ESI_t)与自变
量人力资本($Human_t$),生产性服务贸易出口额(TPS_t)呈较高的正相关,
而与交通运输服务变量(Transport)相关性较弱。这表明线性模型在解
释它们的关系是比较合适的,与本文的理论假说也很接近。但模型是否
具备统计意义上的显著性,还有待于计量回归的进一步检验。

根据上文分析的计量模型,本文以中国 1998—2010 年的样本进行最
小二乘法回归(OLS)。利用 Eview6.0 进行回归,结果如表 6-2 所示。

表 6-2 　回归结果

	OLS 统计值
常数项	12.4482
	(2.8601)
Human	0.3855*
	(1.6915)
TPS	0.0017**
	(2.3534)
Transport	3.1391***
	(4.3128)
R^2	0.8589
$\bar{R}^2$	0.8118
F 检验统计值	18.2563
$D.W.$ 统计量	1.7641

　　注:各变量对应的第一行是系数值,第二行括号内的是 t 检验统计值,***,**,*,分别表
示各变量的系数通过了 1%、5%、20% 的显著性检验。

$R^2, \bar{R}^2$ 比较接近于 1，表明该模型的拟合效果比较好；F 检验统计量大于 $F_{0.01}(3,9)$，在 99% 的水平下拒绝原假设，即该模型的线性关系显著；$D.W.$ 统计量满足 $d_u < D.W. < 4 - d_u$，根据判定法则模型无自相关。

从表 6-2 可以看出，人力资本（$Human_t$），生产性服务贸易出口额（TPS_t），交通运输服务变量（$Transport$）与出口商品结构的相似性指数（ESI_t）都是正相关，并且这三个变量能在 85.89% 的水平下解释自变量。这表明中国参与价值链分工的状况与上文的机理完全一致，也符合生产性服务贸易与价值链提升的理论模型。

其中交通运输服务对中国所处价值链位置提升的作用最大，人力资本其次，生产性服务贸易最小。这与中国近几年大力投资交通基础设施密不可分，而对"软因素"——人力资本、生产性服务等要素发展还相对滞后，对相关产业的支持作用还不明显。比如中国生产性服务业部门相对于制造业发展缓慢，其平均增长速度低于制造业的增长速度约 1 个百分点。此外根据国际经验，人力资本、生产性服务这些要素是提升全球价值链位置的关键因素，因此中国需要促进生产性服务业的产业化、市场化、知识化，加大其开放力度。

7   研究结论与政策建议

经济研究的最终归宿点是提出可行的政策建议,为政府提供参考,从而能改善和改进现有的经济活动。而政策建议能否有效地改进现实社会,一方面取决于政策本身内容,另一方面取决于这些政策能否与现有的现实社会较好地相融合。因此,本章在总结前几章理论研究、实证研究的结论基础上,结合现有的政策,力图提出生产性服务贸易提升中国在全球价值链位置的政策建议。

7.1   研究结论

本文一方面通过构建理论模型,另一方面利用投入产出法对中国生产性服务贸易的发展现状、参与全球价值链的程度进行测算,以及通过定量的指标分析中国所处的全球价值链位置的演变历程,并运用理论模型对生产性服务贸易影响中国攀升全球价值链的机理进行实证分析,得到的具体结论如下:

(1)构建了一个开放经济体中在全球价值链下的生产性服务贸易与价值链提升的理论模型。该模型假设两个国家(发达国家,发展中国家),两个部门(制造部门,服务部门),两种商品(香蕉、汽车),三种要素(熟练劳动力、非熟练劳动力、服务),其中商品香蕉的生产是仅是劳动力的投入的传统货物生产,商品汽车的生产是零件的组装,存在于全球分散的多个国家生产,生产中包含诸如物流这些生产性服务分布在汽车全球化生产中,在价值链上端的生产阶段假设有更多的技术需求和更多的服务投入，一般发达国家主要生产上游的部件，而发展中国家生产下游的部件。该部分首先构建封闭经济中服务部门、货物部门的生产模式、消费者的效用函数，分析了封闭经济中汽车 X 的均衡产出量：$\hat{X} = \dfrac{(Lw^L + Hw^H - w^H fn)\Phi_X(P_X, P_Y)}{1 - w^L(\dfrac{1-\alpha}{\alpha})cn^{(\alpha-1)/\alpha}\Theta\Phi_X(P_X, P_Y)}$；其次

构建了开放经济中的货物贸易模式，得出结论：（1）n^* 的增加或 c^* 的减少会导致外国生产并出口零部件的生产阶段扩大，这样会提高母国外包程度。（2）w^* 的增加会导致外国出口零部件生产阶段的缩小。（3）$\hat{P}_X$ 是 w 和 w^* 的增函数，n 和 n^* 的减函数。（4）世界对汽车

X 的需求量为 $\hat{X}^w = \dfrac{\Phi_X(\hat{P}_X, 1)[wL + w^*L^* - wnf - w^*n^*f^*]}{1 - q\Phi_X(\hat{P}_X, 1)}$；接着搭

建了开放经济中的服务贸易模式，得到结论：（1）服务的自由贸易导致零部件的生产完全外包给发展中国家。（2）由于运输成本的存在，服务自由贸易中发展中国家出口零部件的范围将减少；最后分析全球价值链提升的均衡条件，指出影响发展中国家价值链位置 k 提升的影响因素：$k = k(\overset{+}{H^*},$

$\overset{-}{f^*}, \overset{+}{c^*}, \overset{+}{b}, \overset{-}{w^L}, \overset{+}{P_S})$，即发展中国家在产业链中提升价值链中的位置 k 与本国熟练劳动力的数量 H^*，x 产品某部件的服务投入的密集程度即生产性服务贸易额 b，发达国家非熟练劳动力的工资率 w^L，产业链中服务投入的价格 P_S 成正相关；与本国熟练劳动力每单位服务产出中投入的劳动数量 f^*，本国非熟练劳动力每单位服务产出中投入的劳动数量 c^* 成负相关。

（2）关于测算中国生产性服务贸易的发展现状、参与全球价值链的程度的结论。该部分利用投入产出法对中国生产性服务贸易的产业基础、基本现状进行测度，且利用垂直专业化贸易份额这一指标评价中国服务业参与全球价值链的程度，同时对美国、韩国生产性服务贸易进行比较，得出以下结论：中国生产性服务业发展迅猛，但由于起步晚，对整个国民经济的贡献有限以及其中间投入率还比较低，主要为服务业本身以及工业服务；从生产性服务部门的构成来看，中国传统劳动密集型产业提供的中间服务比例较高，而技术知识含量高的其他服务业提供的中间服务比重偏低；从 20 世纪 90 年代开始，中国生产性服务贸易有了长足

的发展,但与经济较发达国家相比,仍有一定差距,比如服务贸易中的生产性服务投入偏低;中国大多数服务行业还未真正融入全球价值链中,参与垂直专业化国际分工水平较低。

(3)关于利用定量指标分析中国所处的全球价值链位置的研究结论。通过测算 1998 年到 2010 年间中国出口相似性指数,以及其他 38 个国家 20 世纪末和 21 世纪初的出口相似性指数,分析结果表明:全球价值链分工的格局仍以经济发达国家为主,经济欠发达国家位居低端环节;从 20 世纪末开始,经过 10 年的发展,经济欠发达国家融入全球价值链的势头迅猛,而经济发达国家的价值链位置大多出现了下滑;根据中国与美国、日本、德国三国的出口相似性指数比较,在 20 世纪末叶中国与美国的出口结构相似度较大,但随着时间推移,中国与德国的出口结构相似度越来越接近。从 2004 年起,中国与日本的出口相似程度开始增加;在本书研究的样本国家中,中国与美国的出口相似程度比大多数经济欠发达国家的出口相似程度高,但比经济较发达国家与美国的出口相似程度低;经过十年发展,中国出口相似性指数也有小幅提高。

(4)根据理论模型和实证分析的结果,生产性服务贸易对发展中国家攀升价值链的机理主要有:①以熟练劳动力投入数量为代表的人力资源积累有利于提升发展中国家在全球价值链中的位置,而非熟练劳动力投入数量的增加阻碍发展中国家在全球价值链中的位置;②一国生产的出口产品中服务投入的密集程度即生产性服务贸易额越高,越有利于该国提升在全球价值链中的位置;③生产性服务质量的改善有利于提升发展中国家在全球价值链中位置。

7.2　政策建议

根据上文对中国生产性服务贸易和在全球价值链位置的现状测度时发现,中国生产性服务贸易发展迅猛,但其中间投入率比较低,主要以传统劳动密集型产业提供的中间服务比例为主,而技术知识含量高的其他服务业提供的中间服务比重偏低;中国与美国的出口相似程度比大多数经济欠发达国家的出口相似程度高,但比经济较发达国家与美国的出口相似程度低,十年来,中国在全球价值链的位置仅有小幅提高。可见中国在世界经济中取得成绩主要是依靠劳动力等附加值含量低的要素所获得的比较优势,而不是通过投入技术知识等要素所获得的国际竞争力。本文通过理论模型和实证分析可知,人力资本、生产性服务、服务质量等因素对发展中国家攀升全球价值链有重要的作用,因此笔者认为这些因素提升中国在全球价值链位置可以从以下几个方面入手:

第一,充分开发和利用现有的人力资本,提升人力资本的存量。首先,建立多元的人力资本投资体系。根据国际经验,物质资本和人力资本的投资必须要有合适的比例。对于中国政府而言,应该根据中国的具体情况来确定物质资本和人力资本的投资比例,发挥其主体作用,构建一个多元化的投资体系;其次,重视农村人力资本的投资。在中国,城乡地区之间的人力资本差异很大,而且农村劳动力众多,因此政府应该重视并投入农村的人力资本投资;再次,合理配置人力资本。人力资本是一种潜在的生产能力,它对经济的贡献不仅仅是其存量的多少,更是它配置的有效程度。因此在增加人力资本存量的同时,需要合理配置人力资本,优化人力资本的结构;最后,配套和创新相关制度。在市场体制上进行配套和创新,可以激发劳动者的工作积极性和创造性,尽可能释放人力资本的潜力,从而提高生产效率,促进经济增长。

第二,大力发展生产性服务业,探求融入全球价值链的实现机制。改革开放以来,中国的制造业以其强劲的出口能力对经济增长作出了巨大的贡献,但这主要通过提高低级要素的生产率和制度的改革实现的,而生产性服务这一在全球价值链中的重要因素,由于缺少现实的嵌入机制,还没有发挥作用(刘志彪,2008)。根据当前的研究成果,有两种实现机制:其一,刘志彪(2008)提出以带头性企业和优秀企业家为主体,推进生产性服务业与制造业在产业集群中的互动和融合,以产业集群的形态融入全球价值链,以此获得相应的地位。其二,张杰等人(2009)指出基于国内本土市场培育本土企业掌握产品价值链的核心环节,获得销售和品牌的终端渠道及自主研发能力等高端要素,然后再融入区域或者全球的价值链分工体系进行生产。

第三,加强服务基础设施建设,降低服务联系成本,提高服务效率。参与全球价值链的生产与贸易需要多次进出国界,对服务的联系成本的敏感度较高。而服务的联系成本主要取决于基础设施的建设。高速公路、航空运输和远洋运输的发展可以降低产品的运输成本,信息技术的提高可以降低合作与外包的成本。所以要投入交通、水电、通讯等基础设施的建设,形成快捷便利、形式多样的服务网络,降低服务的联系成本,提高服务效率,深化全球价值链的分工和合作。

此外,培育良好的制度环境,有利于降低全球价值链分工合作的交易成本,激励企业进行技术创新、管理创新,对于价值链的提升具有积极的意义。

7.3 有待进一步努力的方向

第一,由于一项尝试性的研究无法解决所有问题,在研究中,特别是在理论研究中,简化了某些假设,从而忽略了一些问题。在本书的研究中,忽略了完全垄断、寡头垄断、垄断竞争、完全竞争等不同市场结构对全球价值链上产品的价格的影响。因此,在今后的研究中需要考虑这一因素,并对其进行细致的分析。

第二,理论与现实的结合还需加强。本书构建的理论模型指出发展中国家在产业链中提升价值链中的位置 k 与本国熟练劳动力的数量 H^*,x 产品某部件的服务投入的密集程度即生产性服务贸易额 b,发达国家非熟练劳动力的工资率 w^l,产业链中服务投入的价格 P_s 成正相关;与本国熟练劳动力每单位服务产出中投入的劳动数量 f^*,本国非熟练劳动力每单位服务产出中投入的劳动数量 c^* 成负相关。但由于数据的可取性,变量的指标选取等因素,无法利用实证分析完全验证理论模型。在今后的研究中,需要对理论模型进行修正,选取符合现实分析的变量进行分析。

第三,需要对机理进行补充和完善。本书提出的生产性服务贸易对发展中国家企业攀升全球价值链的机理,虽然是基于理论模型的部分结论,并利用了中国的实际数据验证而得,但由于生产性服务贸易涵盖的范围繁杂,参与全球价值链分工的情况复杂不一,用这些机理来解释难免存在不足,并且由于获取相关的数据非常困难,本文只选取了中国一个样本国,说服能力不强,因此这些有待于今后的研究进一步的挖掘探讨。

第四,关注相关的案例。本书的研究集中在宏观层面,今后应关注微观层面,总结相关企业生产性服务业融入全球价值链的案例。

参考文献

［1］ Amable，B.，Verspagen，B.. The role of technology in market shares dynamics. *Applied Economics*,1995(27):197-204.

［2］ Amendola, G., Dosi, G., Papagni,E.. The dynamics of international competitiveness. *Weltwirtschaftliches Archiv*, 1993. 129: 451-471.

［3］ Amiti,M. and S. J. Wei. Fear of Service Outsourcing：Is it Justified? *IMF Working Paper*,2004:203-230.

［4］ Antonelli,C.. Localised technological change，new information technology and the knowledge-based economy the European evidence. *Journal of Evolutionary Economics*, 1998(8):177-198.

［5］ Arndt, Sven W. Globalization and the open economy. *North American Journal of Economics and Finance*, 1997,8 (1):71-79.

［6］ Bacon, R. and Eltis, W.. Britain's Economic Problems：Too Few Producers. Macmillan，London，1976.

［7］ Balassa,B.. The Purchasing Power Parity Doctrine：A Reappraisal. *Journal of Political Economy*, 1964,72: 564-96.

［8］ Barras, R.. Towards a theory of innovation in services. *Research Policy*, 1986(15):161-173.

［9］ Baumol, W. J.，S. A. B. Blackman，and E. N. Wolff. Unbalanced Growth Revisited：Asymptotic Stagnancy and New Evidence. *American Economic Review*, 1985,7(4):806-817.

［10］ Berman,E.，Bound, J. and Griliches, Z. Changes in the Demand for Skilled Labour within U. S. Manufacturing: Evidence from the Annual Survey of Manufactures. *Quarterly Journal of Economics*, 1994(109):367-398.

[11] Braunstein, Y. M. Information as a Factor of Production: Substitutability and Productivity. *Information Society*, 1985(3):67-88.

[12] Campa, J. and Goldberg l. S. The Evolving External Orientation of Manufacturing: A Profile of Four Countries. *Frbank Economic Policy Review*, 2001, 12(1):145-168.

[13] Chang, P., Karsenty, G., Mattoo, A., Richterung, J.. GATS, the modes of supply and statistics on trade in services. *Journal of World Trade*, 1999(33): 3-115.

[14] Charles van Marrewijk, Joachim Stibora, Albert de Vaal and Jean-Marie Viaene. Poducer services, comparative advantage, and international trade patterns. *Journal of International Economics*, 1997, 42(5):195-220.

[15] Charles van Marrewijk, Joachim Stibora and Albert de Vaal. Services Tradability, Trade Liberalization and Foreign Direct Investment. *Economica*, 1996, 63:252-275.

[16] Courant, Paul N., & Deardorff, Alan V.. International trade with lumpy countries. *Journal of Political Economy*, 1992, 100: 198-210.

[17] Christina Costa. Information Technology Outsourcing and High-technology Capital on Wages: Estimates for the United States, 1979—1990. *Quarterly Journal of Economics*, 1999(3):56-76.

[18] Deardorff A. V.. Testing Trade Theories and Predicting Trade Flows. Chapter 10 in R. Jones and P. Kenen. Handbook of International Trade, Amsterdam, North Holland Pub, 1984.

[19] Deardorff, Alan V. . Comparative Advantage and International Trade and Investment in Services. in Robert M. Stern, (ed.), Trade and Investment in Services: Canada/US Perspectives, Toronto: Ontario Economic Council, 1985: 39-71.

[20] Deardorff, Alan V. . FIRless FIRwoes: how preferences can inter-
fere with the theorems of international trade. *Journal of Interna-
tional Economics*, 1986,(20): 131-142.

[21] Deardorff, Alan V.. The possibility of factor price equalization,
revisited. *Journal of International Economics*, 1994, (36):
167-175.

[22] Deardorff, Alan V.. An Economist's Overview of the World Trade
Organization. in Korea Economic Institute. The Emerging WTO
System and Perspectives from Asia, Joint U. S. -Korea Economic
Studies,1997,7.

[23] Deardorff, Alan V. . Financial Crisis, Trade, and Fragmentation.
Discussion Paper, 2000.

[24] Deardorff, Alan V. and Robert M. Stern. What the Public Should
Know about Globalization and the World Trade Organization.
Working Paper,2000.

[25] Deardorff, A. V.. International provision of trade services, trade
and fragmentation. *Journal of International Economics*, 2001(9):
233-248.

[26] Deardorff Alan V.. Fragmentation in simple trade models. *North
American Journal of Economics and Finance*, 2001(12):122-137

[27] Diaz Fuentes, D.. On the limits of post-industrial society: struc-
tural change and service sector employment in Spain. *International
Review of Applied Economics*,1998(12): 483-495.

[28] Dighe, R. S. , J. F. Francois, and K. A. Reinert. The Role of Serv-
ices in U. S. Production and Trade: An Analysis of Social Ac-
counting Data for the 1980s'. in P. T. Harker (ed.), The Service
Productivity and Quality Challenge, Kluwer, Boston, 1995:43-80.

[29] Dilek Cetindament Karaomerioglu and Bo Carlaaon. Manufacturing
in Decline? A Matter of Definition. Econ. Innov. New Techn.
1999(8):146-158.

[30] Dixit, Avinash K. , & Norman, Victor. Theory of international

trade. London: Cambridge University Press,1980.

[31] Dixit, Avinash K. and Gene M. Grossman. Trade and Protection with Multistage Production. *Review of Economic Studies*, 1982, 59:583-594.

[32] Egger,H. and P. Egger. On Market Concentration and International Outsourcing. *Applied Economics Quarterly*,2003,49:49-64.

[33] Eric J. Bartelsman, Wayne Gray. *THE NBER MANUFACTURING PRODUCTIVITY DATABASE. Technicai Working Paper*, 205:1-30.

[34] Ethier, W. J. National and International Return to Scale in the Modern Theory of International Trade. *American Economic Review*, 1977,67:76-85.

[35] Fagerberg, J.. Technology and competitiveness. *Oxford Review of Economic Policy*,1996(12): 39-51.

[36] Feenstra, Robert C. , & Hanson, Gordon H.. Globalization, outsourcing, and wage inequality. *American Economic Review*, 1996, (86): 240-245.

[37] Feenstra, Robert C. , & Hanson, Gordon H.. Productivity measurement, outsourcing, and its impact on wages: estimates for the U. S. , 1972-1990. NBER Working Paper,1997.

[38] Feenstra, Robert C. . Integration of Trade and Disintegration of Production in the Global Economy. *Journal of Economic Perspectives*,1998,12: 31-50.

[39] Feenstra, Robert C. and Gordon H. Hanson. Globalization, Outsourcing, and Wage Inequality. *American Economic Review*,1996 :86(5): 240-245.

[40] Francois,J. . Trade in Producer Services and Returns due to Specialization under Monopolistic Competition. *Canadian Journal of Economics*, 1990,23:189-201.

[41] Francois, J. F. .Producer Services, Scale, and the Division of Labor. *Oxford Economic Papers*, 1990,42(4):715-29.

[42] Francois, J. and M. Manchin. Institutions, Infrastructure, and Trade. *World Bank Policy Research Working Paper*, 2007:78-94.

[43] Francois, J. F., Reinert, K. A.. The role of services in the structure of production and trade: stylized facts from a cross-country analysis. *Asia-Pacific Economic Review*, 1996, (2):58-72.

[44] Freund, C., Weinhold, D.. The Internet and international trade in services. *American Economic Review Papers and Proceedings*, 2002.

[45] Feenstra, R. C., and Hanson, G. H. Productivity Measurement and the Impact of Trade and Technology on Wages: Estimates for the U. S. 1972—1990. NBER Working Paper, 1997.

[46] Gao, T. Economic Geography and the Department of Vertical Multinational Production. *Journal of International Economics*, 1999, 48:214-225.

[47] Gary Gereffi. International trade and industrial upgrading in theapparel commodity chain. *Journal of International Economics*, 1999 (48): 37-70.

[48] Gary G., Olgam. The Global Apparel Value Chain: What Prospects for Upgrading by Developing Countries? UNIDO, 2003.

[49] Gehlhar, M. J., D. Gray, T. W. Hertel, K. Huff, E. Ianchovichina, B. J. MacDonald, R. McDougall, M. E. Tsigas, and R. Wigle. Overview of the GTAP Data Base. in T. W. Hertel(ed.), Global Trade Analysis: Modeling and Applications, Cambridge University Press, Cambridge, 1996.

[50] Gereffi, G.. International Trade and Industrial Upgrading in the Apparel Commodity Chains. *Journal of International Economics*, 1999, 48:79-85.

[51] Goodman, Steadman. Services: Business Demand Rivals Consumer Demand in Driving Growth. *Monthly Labor Review*, 2002, 125(4): 145-167.

[52] Grossman, Gene M. and Elhanan Helpman. Managerial Incentives

and the International Organization of Production. *Journal of International Economics*, 2004, (63): 245-265.

[53] Greenfield, H. I. . Manpower and the Growth of Producer Services. London: Columbia University Press, 1966.

[54] Hunter, L. and J. R. Markusen. Per-Capita Income as a Determinant of Trade. in R. Feenstra (ed.), Empirical Methods for International Economics, MIT Press, Cambridge, Massachusetts, 1988: 89-109.

[55] Hayes. R. M. and Erickson. T. Added Value as a Function of Purchases of Information Services. *Information Society*, 1982 (1): 307-308.

[56] Helpman, Elhanan. A simple theory of international trade with multinational corporations. *Journal of Political Economy*, 1984, 92: 451-471.

[57] Helpman, Elhanan, & Krugman, Paul R. . Market structure and foreign trade: increasing returns, imperfect competition, and the international economy. ambridge, MA: MIT Press, 1985.

[58] Howell, Green. Location, Technology and Industrial Organization in UK Services. Progress in Planning, 1986.

[59] Hummels, D., Rapoport, D. and Yi, K., Vertical Specialization and the Changing Nature of World Trade. *Federal Reserve Bank of New York Economic Policy Review*, 1998(7): 79-99.

[60] Hummels, David, Jun, Ishii and Kei Mu. The Nature and Growth of Vertical Specialization in World Trade. *Journal of International Economics*, 2001(54): 107-108.

[61] Humphrey, J.. Upgrading in Global Value Chains. International Labour Office Working Paper, 2004.

[62] Ishii, June and Kei Mu, Yi. The Growth of World Trade. Research Paper, 1997.

[63] James R. Markusen. Trade in Producer Services and in Other Specialized Intermediate Inputs. *The American Economic Review*, 1989

(3):46-65.

[64] James R. Melvin. Trade in Producer Services: A Heckscher-Ohlin Approach. *Journal of Political Economy*,1989, 97(5):182-196.

[65] Joachim Singelman. From Agriculture to Services: The Transformation of Industrial Employment. Sage Publications, Inc, 1978.

[66] Johnson, George E. , & Stafford, Frank. The labor market implications of international trade. In O. Ashenfelter & D. Card (Eds.), Handbook of labor economics, vols. III and IV. North-Holland. 1997.

[67] Jones, Ronald W. , & Kierzkowski, Henry. Globalization and the consequences of international fragmentation. In R. Dornbusch, G. Calvo, & M. Obstfeld (Eds.), Money, factor mobility and trade. Cambridge, MA:MIT Press, 2001.

[68] Jones,R. W. and Kierzkowski H. The Role of Services in Production and International Trade: A Theoretical Framework. in Jones and Krueger, The Political Economy of International Trade. Oxford,Basil Blackwell,1990.

[69] Jones, R. W. , Ruane, F. . Appraising the options for international trade in services. Oxford Economic Papers,1990.

[70] Joseph F. Francois and Ludger Schuknecht. Trade in Financial Services:Procompetitive Effects and Growth Performance. CEPR Discussion Paper, 1999.

[71] Joseph F. Francois. Trade in Nontradables: Proximity Requirements and the Pattern of Trade in Services. *Journal of International Economic*,*Integration*,1990,5 (1):98-118.

[72] Joseph F. Francois. Explaining the Pattern of Trade in Producer Services. International Economic Journal, 1993, 7(3):12.

[73] Joseph F. Francois. Trade in Producer Services and Returns Due to Specialization Under Monopolistic Competition. *Canadian Journal of Economics*, 1990(4):56.

[74] James Markusen,Thomas F. Rutherford and David Tarr. Foreign

Direct Investment in Services and the Domestic Market for Expertise. Policy Research Working Paper, 2000.

[75] Jones R. W and H Kierzkowski. The role of services in production and international trade: a theoretical framework. In Jones, R. W. and Krueger,A. (Eds.), The Political Economy of International Trade. BasilBlackwel,l Oxford. 1990.

[76] Jones R. W and H. Kierzkowski. Inernational Fragmentation and the new economic geography. *North American Journal of Economics and Finance*,2005,16(1): 65-88.

[77] Katouzian M. A.. The Development of the Service Sector: a New Approach. Oxford Economic Papers, 1970.

[78] Khan,B. Zorina and Kenneth L. Sokoloff. Institutions and Technological Innovation During Early Econimic Growth :Evidence from the Great Inventors of the United States, 1790—1930. CESifo Working Paper,2004.

[79] Kogut,B. Designing Global Strategies:Comparative and Competitve Value-added Chains. *Sloan Management Review*,1985,26(4):28.

[80] Kravis, I. B. , A. Heston, and R. Summers. World Product and Income: An International Comparison of Real Gross Domestic Product. Baltimore: Johns Hopkins University Press,1982.

[81] Krugman, P.. Scale economies, product differentiation, and the pattern of trade. *American Economic Review*,1980(70): 950-959.

[82] Lall, S. Weiss,J. and J. K. Zhang, Regional and Country Sophistication Performance. Asian Development Bank Institute Discussion Paper,2005.

[83] Lacity & Willcocks. Incredible Expectation, Credible Outcomes. Information Systems Management, 1994, 11(4):17.

[84] Laursen, K. , Meliciani, V.. The relative importance of international vis-a-vis national technological spillovers for market share dynamics. *Industrial and Corporate Change*, 2002(11): 875-894.

[85] Laursen, K. , Meliciani, V.. The importance of technology-based

intersectoral linkages for market share dynamics. *Weltwirtschaftliches Archiv*, 2000, 136, 702-723.

[86] Levine, R.. Financial development and economic growth: views and agenda. *Journal of Economic Literature*, 1997(25):688-726.

[87] Loh Lawrence & Venkatraman. Determinants of Information Technology Outsourcing: A Cross-sectional Analysis. *Journal of Management Information Systems*, 1992, 9(1):67.

[88] Long, V. N., Riezman, and Soubeyran, A.. Fragmentation, Outsourcing and the Service Sector. CIRANO Working Paper, 2001.

[89] Markusen, J. R.. Explaining the Volume of Trade : An Eclectic Approach. *American Economic Review*, 1986, 76(10):2-11.

[90] Markusen, J. R.. Trade in producer services and in other specialised intermediate inputs. *American Economic Review*, 1989 (79): 85-95.

[91] Mary Amiti and Shang Jin Wei. Service Offshoring and Productivity:Evidence from the United States. Working Paper, 2006.

[92] Mario Polise and Roger Verregult. Trade in Information-Intensive Services:How and Why Regions Develop Export Advantages. *Canadian Public Policy*, 1996(12):4.

[93] Marrewijk, C., Van Stibora, J., de Vaal, A., Viaene, J.. Producer services, comparative advantage, and international trade patterns. *Journal of International Economics*, 1997, (42):195-220.

[94] Meliciani, V.. The impact of technological specialisation on national performance in a balance-of-paymentsconstrained growth model. *Structural Change and Economic Dynamics*, 2002(13): 101-118.

[95] Melvin, James R.. Production and trade with two factors and three goods. *American Economic Review*, 1968, 58 (12): 1248-1268.

[96] Melvin, J. R.. Trade in producer services: a Heckscher-Ohlin approach. *Journal of Political Economy*, 1989(97):1180-1196.

[97] Memedovic, O. . Inserting Local Industrial into Global Value Chains and Global Production Networks. UNIDO Working Paper, 2004.

[98] Michael A. Landesmann and Pascal Petit. International Trade in Producer Services: Alternative Explanations. *The Service Industries Jounal*, 1995, 15(2), 23.

[99] Miozzo, M. , Soete, L. L. G. . Internationalisation of services: a technological perspective. Paper presented at the Third International Conference on Technology Policy and Innovation, Austin, USA. 1999.

[100] Ngo Trinh Ha. Catching-up Industrial Development of East Asian Economies and Its Application to Vietnam. Waseda University Working Paper, 2004.

[101] N. Hansen. The Strategic Role of Producer Services in Regional Development. *International Regional Science Review*, 1994 (7): 156.

[102] Nusbaumer, J. . Services in the Global Market. Amsterdam: Kluwer Academics, 2002.

[103] Panagariya, A. . A Theoretical Explanation of Some Stylized Facts of Economic Growth. *Quarterly Journal of Economics*, 1988, 103: 509-26.

[104] Paolo Guerrieri, Valentina Meliciani. Technology and international competitiveness: The interdependence between manufacturing and producer services. *Structural Change and Economic Dynamics*, 2005(16): 489-502.

[105] Park, S. H. . Linkages between Industry and Services and their Implications for Urban Employment Generation in Developing Countries. *Journal of Development Economics*, 1989, 30: 359-379.

[106] Park, S. H. and K. S. Chan. A Cross-Country Input-Output Analysis of Intersectoral Relationships between Manufacturing and Services and their Employment Implications. *Journal of Develop-*

ment Economics ,1989,17(2)：199-212.

[107] Petit,P.. The Organizational Approach to Internationalization of Services. 1989. Strategic Trends in Services. New York ：Harper and Row,1987.

[108] Reinert, K. A. and D. W. Roland-Holst. Structural Change in the United States：Social Accounting Estimates for 1982-1988. *Empirical Economics* , 1994,19(3)：429-49.

[109] Riddle, Dorothy I.. Service-Led Growth-the Role of the Service Sector. Praeger Publishers, 1986.

[110] Robert C. Allen. Capital Accumulation, Technological Change, and the Distribution of Income During the British Industrial Revolution. Oxford University Paper,2005.

[111] Roland Holst, D. W. . Interindustry Analysis with Social Accounting Methods. *Economic Systems Research* , 1990, 2(2)：125-145.

[112] Romer. Growth Based on Increasing Returns Due to Specialization. *American Economic Review* , 1987,(77)：2.

[113] Ronald W. Jones,Henryk Kierzkowski. A Framework For Fragmentation. Tinbergen Institute Discussion Paper,2000.

[114] Rowthorn, R. , Ramaswamy, R.. Growth, trade and deindustrialisation. IMF Staff Papers,1999.

[115] Sachs, J. D. and H. J. Schatz. Trade and Jobs in U. S. Manufacturing. Brookings Papers on Economic Activity, 1994.

[116] Sanyal, Kalyan K. and Ronald W. Jones. The Theory of Trade in Middle Products. *American Economic Review* , 1982, 72：16-31.

[117] Shelp. R. The Role of Service Technology in Development, in Service Industries and Economic Development—Case Studies in Technology Transfer. NY：Praeger Publishers,1984.

[118] Sanjaya Lall, John Weiss and Jinkang Zhang. The Sophistication Of Exports：A New Measure Of Product Characteristics. QEH

Working Paper Series- QEHWPS，2005.

[119] Sapir，A. and E. Lutz. Trade in Services：Economic Determinants and Development Related Issues. World Bank Staff Working Paper，1981.

[120] Sim，N. C. S.. International Production Sharing and Economic Development：Moving Up the Value Chain for a Small Open Economy. *Applied Economics Letters*，2004,(11)：885—889.

[121] Tempest，Rone. Barbie and the World Economy. *Los Angeles Times*，1996，22：55-68.

[122] T. P. Hill. On Goods and Service. *Review of Income and Wealth*，1977,(23)：4.

[123] Triplett，J. E.，Bosworth，B. P.. Productivity in the services sector. University of Michigan Press，Michigan，2001.

[124] UNCTAD. World Investment Report 2004. The Shift Towards Services，United Nations Publications，2004.

[125] Uno，K.. Measurement of Services in an Input-Output Framework. North Holland，Amsterdam,1989.

[126] Verspagen，B.，Wakelin，C.. Trade and technology from a Schumpeterian perspective. *International Review of Applied Economics*,1997(11)：181-194.

[127] Wang Zhi and Wei Shang-Jin. What Accounts for the Rising Sophistication of China s Exports. NBER Working Paper，2008.

[128] W. Richard Goe. The Growth of Producer Services Industries：Sorting Through the Externalization Debate. *Growth and Change*，1991,(4)：12.

[129] Xu Bin. Measuring China's Export Sophistication. China Europe International Business School Working Paper,2007.

[130] Yamashita，N.. The Impact of Production Fragmentation on Industry Skill Upgrading：New Evidence from Japanese Manufacturing. Hitotsubashi University Discussion Paper，2007.

[131] Yeats，A. J.. Just How Big Is Global Production Sharing?

Arndt, S. W. and H. Kierzkowski (eds.): Fragmentation, *New Production Patterns in the World Economy*, 2001:108—143.

[132] Yeats, A. J. . Does Mercosur's Trade Performance Raise Concerns about the Effects of Regional Trade Arrangements. *The World Bank Economic Review*, 2001, 12(1):32.

[133] Zhi Wang, Shang-Jin Wei. What Accounts for the Rising Sophistication of China's Exports? Working paper, 2007:1-40.

[134] 陈菲. 服务外包动因机制分析及发展趋势预测——美国服务外包的验证. 中国工业经济, 2006(6):11.

[135] 陈广汉, 曾奕. CEPA 对内地香港生产者服务贸易影响的理论分析. 经济学家, 2005(2):23.

[136] 程大中. 论服务业在国民经济中的"黏合剂"作用. 财贸经济, 2004 (2):11.

[137] 程大中、陈宪. 生产者服务与消费者服务互动发展中的提升. 载周振华主编. 现代服务业发展研究. 上海: 上海社会科学出版社, 2005.

[138] 程大中. 中国生产者服务业的增长、结构变化及其影响——基于投入—产出法的分析. 财贸经济, 2006(10):3.

[139] 程大中. 中国生产性服务业的水平、结构及影响——基于投入—产出法的国际比较研究. 经济研究, 2008(1):10.

[140] 程炼. 劳动分工、不可贸易的服务产品与开放环境中的经济发展. 中国社会科学院研究生院博士学位论文, 2003.

[141] 丁梅生, 吕伟伟. 国际贸易价值链分析. 对外经贸实务, 2006(8): 25—28.

[142] 富克斯. 服务经济学. 北京: 商务印书馆, 1987.

[143] 冯泰文. 生产性服务业的发展对制造业效率的影响. 数量经济技术经济研究, 2009(3):12—16.

[144] 扶涛、张兰芳、张云钢. 我国人力资本投入对经济增长作用的计量分析. 生产力研究, 2010(7):87—90.

[145] 迈克尔·波特. 竞争论. 北京: 中信出版社, 2003.

[146] 高峰. 全球价值链视角下制造业与服务业的互动. 现代管理科学,

2007(1):23—25.

[147] 高运盛.上海生产性服务业集聚区发展模式研究.同济大学博士学位论文,2008.

[148] 高铁梅.计量经济分析方法与建模.北京:清华大学出版社,2008.

[149] 谷永芬,宋胜洲,洪娟.大都市圈生产性服务业——以长三角为例.北京:经济管理出版社,2008.

[150] 顾乃华,毕斗斗,任旺兵.生产性服务业与制造业互动发展:文献综述.经济学家,2006(6):16—18.

[151] 顾乃华,夏杰长.对外贸易与制造业投入服务化的经济效应.社会科学研究,2010(5):17—21.

[152] 郭海虹.竞争优势理论对我国发展国际服务贸易的启示.国际经贸探索,2002(3):24—26.

[153] H.G.格鲁伯,M.A.沃克.服务业的增长:原因与影响.上海:上海三联书店,1993.

[154] 洪联英,刘解龙.我国垂直专业化发展进程评估及其产业分布特征——基于投入—产出法的国际比较分析.中国工业经济,2009(6):12—16.

[155] 胡景岩.世界服务贸易发展的趋势分析.中国外资,2006(10):3.

[156] 胡昭玲.国际垂直专业化分工与贸易:研究综述.南开经济研究,2006(5):24—25.

[157] 黄先海,徐圣.生产率、贸易条件与实际汇率变动.数量经济技术经济研究,2008(6):101—110.

[158] 李冠霖.第三产业投入产出分析——从投入产出的角度看第三产业的产业关联与产业波及特性.北京:中国物价出版社,2002.

[159] 李江帆,毕斗斗.国外生产服务业研究述评.外国经济与管理,2004(11):7—12.

[160] 李金勇.上海生产性服务业发展研究.复旦大学博士学位论文,2005.

[161] 李子奈.计量经济学.北京:高等教育出版社,2002.

[162] 刘艳.离岸服务外包承接能力的影响因素分析.国际商务研究,2010(1):10—16.

[163] 刘志彪. 论现代生产者服务业发展的基本规律. 中国经济问题，2006(1)：1—4.

[164] 刘志彪. 基于制造业基础的现代生产者服务业发展. 江苏行政学院学报，2006(5)：2.

[165] 廉军伟，曾刚. 嵌入全球价值链的上海物流业发展. 工业技术经济，2006(11)：12.

[166] 卢峰. 产品内分工. 经济学(季刊)，4(1)：5—8.

[167] 聂泳祥. 服务贸易理论基础：比较优势与竞争优势理论的解释力及实证检验. 首都经济贸易大学学报，2003(2)：12.

[168] Parinda Nirothsamabut. 中国与亚洲10个经济体的出口相似性研究. 北京邮电大学学报，2011(4)：83—89.

[169] 裴长洪，彭磊. 中国服务业与服务贸易. 北京：社会科学文献出版社，2008.

[170] 齐殿伟，东北地区人力资本与经济增长. 社会科学战线，2009(7)：243—246.

[171] 韶泽，婧赟. 国际服务贸易的相关理论. 财贸经济，1996(11)：22.

[172] 尚于力，申玉铭，邱灵. 我国生产性服务业的界定及其行业分类初探. 首都师范大学学报(自然科学版)，2008(3)：29.

[173] 沈铁松. 制造企业产品延伸服务的投资与定价策略. 重庆大学博士学位论文，2010.

[174] 佘硕. 制造客户视角的日本知识密集服务业发展研究. 华中科技大学博士学位论文，2009.

[175] 唐海燕，张会清. 产品内国际分工与发展中国家的价值链提升. 经济研究，2009(9)：81—93.

[176] 唐铁球. 中国制造业参与产品内分工与贸易的动因与收益研究. 浙江大学博士学位论文，2011.

[177] 汪德华，江静，夏杰长. 生产性服务业与制造业融合对制造业升级的影响——基于北京市与长三角地区的比较分析. 首都经济贸易大学学报，2010(2)：15—22.

[178] 汪素芹，胡玲玲. 我国生产性服务贸易的发展及国际竞争力分析. 国际商务，2007(6).

[179] 王荣艳.东亚各国(地区)承接生产者服务外包的竞争力研究.国际贸易问题,2008(8):18—25.

[180] 肖中明.内生比较优势与我国金融服务贸易比较优势研究.湖南大学硕士学位学位论文,2003.

[181] 谢林伟,陈凯.生产服务外化的交易成本经济学分析.现代管理科学,2006(6):30—33.

[182] 薛求知,郑琴琴.专业服务跨国公司价值链分析.外国经济与管理,2003(5):31—35.

[183] 张凤杰.生产性服务业集群中的创新扩散机理研究.上海交通大学博士学位论文,2008.

[184] 杨小凯.劳动分工网络的超边际分析.北京:北京大学出版社,2002.

[185] 张杰,刘志彪.全球化背景下国家价值链的构建与中国企业升级.经济管理,2009(2):21—25.

[186] 张辉.全球价值链理论与我国产业发展研究.中国工业经济,2004(5):24—26.

[187] 张为付.服务业与服务贸易发生发展机理研究.世界经济与政治论坛,2006(4):33—36.

[188] 张圣翠,赵维加.国际贸易法与中国.上海:上海三联书店,2000.

[189] 张晓峒.计量经济学软件 Eviews 使用指南.天津:南开大学出版社,2004.

[190] 张韵乐.生产者服务业发展的市场机制研究.大连理工大学硕士学位论文,2008.

[191] 赵东群.我国生产性服务业发展的实证研究.河北大学硕士学位论文,2008.

[192] 钟韵,闫小培.西方地理学界关于生产性服务业作用研究述评.人文地理,2005,(3):18—24.

[193] 钟韵.区域中心城市与生产性服务业发展.北京:商务印书馆出版社,2007.

[194] 庄丽娟,陈翠兰.我国服务贸易与货物贸易的动态相关性研究.国际贸易问题,2009(2):32—36.

[195] 庄惠明,王珍珍.国际垂直专业化分工理论研究述评.福建师范大学学报,2007(6):27—35.

[196] 刘志彪.论现代生产者服务业发展的基本规律.中国经济问题,2006(1):3—8.

[197] 王贵全.论生产性服务对贸易格局的影响.亚太经济,2002(2):25—29.

[198] 王兴莲.全球价值链视角下生产性服务嵌入与地方产业集群升级.改革与战略,2011(1):124—126.

[199] 郑才林.生产性服务对不同阶段产业集群竞争力影响研究.浙江大学博士学位论文,2008.

[200] 郑春霞,陈漓高.国际分工深化中生产者服务贸易的增长及我国的启示.世界经济研究,2007(1):22—27.

[201] 祝树金,陈雯.出口技术结构的度量及影响因素研究述评.经济评论,2010(6):152—158.

[202] 朱茗.天津市生产性服务业发展研究.天津财经大学硕士学位论文,2010.

[203] 朱钟棣,等.国际贸易学.上海:上海财经大学出版社,2005.

[204] 周鹏,余珊萍,韩剑.生产性服务业与制造业价值链升级间相关性的研究,上海经济研究,2010(9):55—62.

[205] 曾奕,李军.生产者服务贸易的贸易模式研究:基于面板数据的分析.统计研究,2006(5):12—18.

索　引

K

L

M

N

Q

R

S

后 记

　　本书是在我攻读浙江大学经济学院博士时的学位论文基础上修改的。完成博士论文，并将其付梓，心情复杂，在职研读博士的求学之路，充满了付出的艰辛和收获的欣喜，发自肺腑的感激在这个过程中帮助、支持、关心我的老师、领导、同学以及家人们。

　　首先要感谢恩师顾国达教授的悉心指导和诚挚的关心。四年来，无论是我的课程学习，还是博士论文的撰写，无不凝聚着顾老师的心血。学术之外，顾老师更是一个慈爱的长辈，诚挚的关心、鼓励和教诲常常让我感到温暖。感谢浙江大学经济学院的老师们，在论文开题和写作、答辩过程中，感谢张旭昆教授、肖文教授、黄先海教授、马述忠教授、潘士远教授、朱希伟副教授提出的宝贵建议。感谢工作单位浙江树人大学的郑吉昌教授、夏晴教授、姜红教授、余克艰教授、张亚珍教授、姜文杰副教授、吴俊杰副教授、傅丽芳老师等，正是因为他们的鼓励和支持，我的博士论文才能顺利完成。

　　感谢我的同门、同学和朋友们。感谢张正荣、李丹玉、俞开江、钟晶晶、金星、夏泰凤、孙莹等。

　　还要深深感谢我的外婆、爸爸妈妈、公公婆婆、姐姐姐夫以及老公的无私帮助和关心，特别是 90 岁高龄的外婆在重病期间还不忘叮嘱我抓紧写论文，还有女儿果果的出生让我明白为人母要付出更多，要更努力。

　　由于水平和时间有限，本书定有一些不足之处，欢迎读者指正批评。

周　蕾

2013 年 3 月杭州

图书在版编目(CIP)数据

生产性服务贸易与全球价值链提升/周蕾著.—杭州：
浙江大学出版社,2013.5
ISBN 978-7-308-11507-0

Ⅰ.①生… Ⅱ.①周… Ⅲ.①对外贸易－服务贸易－
研究－中国 Ⅳ.①F752.68

中国版本图书馆 CIP 数据核字(2013)第 102479 号

生产性服务贸易与全球价值链提升
周　蕾　著

丛书策划	吴伟伟 *weiweiwu@zju.edu.cn*
责任编辑	冯社宁
封面设计	项梦怡
出版发行	浙江大学出版社
	（杭州市天目山路 148 号　邮政编码 310007）
	（网址：http://www.zjupress.com）
排　　版	浙江时代出版服务有限公司
印　　刷	杭州日报报业集团盛元印务有限公司
开　　本	710mm×1000mm　1/16
印　　张	10
字　　数	172 千
版 印 次	2013 年 5 月第 1 版　2013 年 5 月第 1 次印刷
书　　号	ISBN 978-7-308-11507-0
定　　价	40.00 元